World Championship photographic review
Die Formel 1 Weltmeisterschaft 1995

Bryn Williams
Colin McMaster

Disegni tecnici • Cutaways • Illustrationen
Paolo D'Alessio

Fotografia *Photography* Fotografie	**BRYN WILLIAMS/COLIN MCMASTER** **UFFICIO STAMPA FERRARI**
Disegni tecnici *Cutways* Illustrationen	**PAOLO D'ALESSIO**
Realizzazione grafica *Graphic realization* Art Director	**GRAZIANO PEDROCCHI**
Traduzioni *English Translation* Übersetzung	**RODNEY DE SOUZA** **PAUL KROKER**
Fotolito *Colour separations* Reproduktion	**F.LLI COLOMBO FOTOLITO (MILANO) - ITALY**
Stampa *Printing* Druck	**GARZANTI VERGA - CERNUSCO S/N., MILANO (ITALY)**
Realizzazione *Editorial production* Herstellungskoordination	**VALLARDI & ASSOCIATI - MILANO (ITALY)**
ISBN ISBN Deutschland	**88 - 85202 - 48 - 4** **3 - 928562 - 90 - 8**

© 1995 Vallardi & Associati - Milano (Italy)
Produced by Vallardi & Associati - Milano (Italy)
Printed in Italy - November 1995

© German Edition 1995
Agon Sportverlag - Kassel (Germany)

1995 Weltmeisterschaft: Piloten und Konstrukteure

Piloten

	Brasilien	Argentinien	San Marino	Spanien	Monte Carlo	Kanada	Frankreich	Grossbritannien	Deutschland	Ungarn	Belgien	Italien	Portugal	Europa	Pazifik	Japan	Australien	Gesamtpunktzahl
1 Schumacher	10	4	-	10	10	2	10	-	10	-	10	-	6	10	10	10	-	102
2 Hill	-	10	10	3	6	-	6	-	-	10	6	-	4	-	4	-	10	69
3 Coulthard	6	-	3	-	-	4	4	6	6	-	10	4	6	-	-	-	-	49
4 Herbert	-	3	-	6	3	-	10	3	3	-	10	-	2	1	4	-	-	45
5 Alesi	2	6	6	-	-	10	2	6	-	-	-	2	6	2	-	-	-	42
6 Berger	4	1	4	4	4	-	-	4	4	-	-	3	-	3	-	-	-	31
7 Hakkinen	3	-	2	-	-	-	-	-	-	-	6	-	-	-	-	6	-	17
8 Panis	-	-	-	1	-	3	-	3	1	-	-	-	-	-	-	2	6	16
9 Frentzen	-	2	1	-	1	-	-	1	-	2	3	4	1	-	-	-	-	15
10 Blundell	1	-	-	2	-	-	2	-	-	2	3	-	-	-	-	-	3	13
11 Barrichello	-	-	-	-	-	6	1	-	-	-	1	-	-	3	-	-	-	11
12 Irvine	-	-	-	2	-	4	-	-	-	-	-	-	-	1	-	3	-	10
13 Brundle	-	-	-	-	-	-	3	-	-	4	-	-	-	-	-	-	-	7
14 Morbidelli	-	-	-	-	-	1	-	-	-	-	-	-	-	-	-	-	4	5
Salo	-	-	-	-	-	-	-	-	-	-	-	2	-	-	-	1	2	5
15 Boullion	-	-	-	-	-	-	-	-	2	-	1	-	-	-	-	-	-	3
16 Suzuki	-	-	-	-	-	-	-	-	1	-	-	-	-	-	-	-	-	1
Lamy	-	-	-	-	-	-	-	-	-	-	-	-	-	-	-	1	-	1

Konstrukteure

	Brasilien	Argentinien	San Marino	Spanien	Monte Carlo	Kanada	Frankreich	Grossbritannien	Deutschland	Ungarn	Belgien	Italien	Portugal	Europa	Pazifik	Japan	Australien	Gesamtpunktzahl
1 Benetton	-	7	-	16	13	2	10	10	13	3	10	10	6	12	11	4	-	137
2 Williams	-	10	13	3	6	-	10	4	6	16	6	-	14	4	10	-	10	112
3 Ferrari	6	7	10	4	4	10	2	6	4	4	-	5	6	5	-	-	-	73
4 McLaren	4	-	2	-	2	-	-	2	-	-	2	9	-	-	-	6	3	30
5 Ligier	-	-	-	1	-	3	3	3	1	1	4	-	-	-	-	2	6	24
6 Jordan	-	-	-	2	-	10	1	-	-	-	1	-	-	4	-	3	-	21
7 Sauber	-	2	1	-	1	-	-	1	2	2	3	5	1	-	-	-	-	18
8 Footwork	-	-	-	-	-	1	-	-	-	-	-	-	-	-	-	-	4	5
Tyrrell	-	-	-	-	-	-	-	-	-	-	-	2	-	-	-	1	2	5
9 Minardi	-	-	-	-	-	-	-	-	-	-	-	-	-	-	-	1	-	1

1950-1995: die Weltmeister

Jahr	Fahrer	Land	Wagen
1950	Farina	ITA	Alfa Romeo
1951	Fangio	ARG	Alfa Romeo
1952	Ascari	ITA	Ferrari
1953	Ascari	ITA	Ferrari
1954	Fangio	ARG	Mercedes
1955	Fangio	ARG	Mercedes
1956	Fangio	ARG	Ferrari
1957	Fangio	ARG	Maserati
1958	Hawthorn	GB	Ferrari
1959	Brabham	AUS	Cooper-Climax
1960	Brabham	AUS	Cooper-Climax
1961	P. Hill	USA	Ferrari
1962	G. Hill	USA	BRM
1963	Clark	GB	Lotus-Climax
1964	Surtees	GB	Ferrari
1965	Clark	GB	Lotus-Climax
1966	Brabham	AUS	Brabham-Repco
1967	Hulme	NZE	Brabham-Repco
1968	G. Hill	GB	Lotus-Ford
1969	Stewart	GB	Matra-Ford
1970	Rindt	AUT	Lotus-Ford
1971	Stewart	GB	Madra-Ford
1972	Fittipaldi	BRA	Lotus-Ford
1973	Stewart	GB	Tyrrell-Ford
1974	Fittipaldi	BRA	McLaren-Ford
1975	Lauda	AUT	Ferrari
1976	Hunt	GB	McLaren-Ford
1977	Lauda	AUT	Ferrari
1978	Andretti	USA	Lotus-Ford
1979	Scheckter	SUA	Ferrari
1980	Jones	AUS	Williams-Ford
1981	Piquet	BRA	Brabham-Ford
1982	Rosberg	FIN	Williams-Ford
1983	Piquet	BRA	Brabham-Ford
1984	Lauda	AUT	McLaren-Porsche
1985	Prost	FRA	McLaren-Porsche
1986	Prost	FRA	McLaren-Porsche
1987	Piquet	BRA	Williams-Honda
1988	Senna	BRA	McLaren-Honda
1989	Prost	FRA	McLaren-Honda
1990	Senna	BRA	McLaren-Honda
1991	Senna	BRA	McLaren-Honda
1992	Mansell	GB	Williams-Renault
1993	Prost	FRA	Williams-Renault
1994	Schumacher	GER	Benetton-Ford
1995	Schumacher	GER	Benetton-Renault

Meisterschaft 1995 - auf einen Blick

	Pole Position	Sieger	Ausge schieden	Schnellste Runde
M. Schumacher (Benetton)	4	9	4	8
D. Hill (Williams)	7	4	7	4
D. Coulthard (Williams)	5	1	7	2
J. Herbert (Benetton)	-	2	4	-
J. Alesi (Ferrari)	-	1	8	1
G. Berger (Ferrari)	1	-	7	2

GROSSER PREIS VON Brasilien

Startaufstellung:

Pos	Fahrer		Pos	Fahrer	
1	D. Hill, Williams	1'20"081 (194,428)		M. Schumacher, Benetton	1'20"382 (193,700)
2	D. Coulthard, Williams	1'20"422 (193,604)		J. Herbert, Benetton	1'20"888 (192,488)
3	G. Berger, Ferrari	1'20"906 (192,446)		J. Alesi, Ferrari	1'21"041 (192,125)
4	M. Hakkinen, McLaren	1'21"399 (191,280)		E. Irvine, Jordan	1'21"749 (190,461)
5	M. Blundell, McLaren	1'21"779 (190,391)		O. Panis, Ligier	1'21"914 (190,077)
6	U. Katayama, Tyrrell	1'22"325 (189,128)		M. Salo, Tyrrell	1'22"416 (188,920)
7	G. Morbidelli, Footwork	1'22"468 (188,801)		H.H. Frentzen, Sauber	1'22"872 (187,880)
8	A. Suzuki, Ligier	1'22"971 (187,656)		R. Barrichello, Jordan	1'22"975 (187,647)
9	P. Martini, Minardi	1'24"383 (184,516)		L. Badoer, Minardi	1'24"443 (184,385)
10	K. Wendlinger, Sauber	1'24"723 (183,775)		B. Gachot, Pacific	1'25"127 (182,903)
11	T. Inoue, Footwork	1'25"225 (182,693)		A. Montermini, Pacific	1'25"886 (181,287)
12	R. Moreno, Forti	1'26"269 (180,482)		J. Verstappen, Simtek	1'26"323 (180,369)
13	P. Diniz, Forti	1'27"792 (177,351)		D. Schiattarella, Simtek	1'28"106 (176,719)

26. März 1995. **Rennstrecke:** Interlagos, 4325 m. **Distanz:** 307 km. **Organisation:** International Promotions Sc.Ltd. **Rennleiter:** John Corsmith. **Zuschauer:** 60.000. **Wetterlage:** Freitag/Samstag wechselhaft und Regen, Sonntag heiter.

SCHNELLSTE RUNDE

Fahrer	Runde	Zeit	km/h
Schumacher	51	1'20"921	192.410
Hill	25	1'20"982	192.265
Coulthard	39	1'21"543	190.942
Hakkinen	35	1'22"495	188.739
Berger	30	1'22"679	188.319
Morbidelli	61	1'22"818	188.003
Salo	25	1'22"979	187.638
Herbert	18	1'23"009	187.570
Suzuki	25	1'23"049	187.480
Alesi	16	1'23"207	187.124
Blundell	38	1'23"252	187.023
Barrichello	13	1'23"346	186.812
Irvine	11	1'23"355	186.791
Katayama	4	1'23"718	185.982
Frentzen	10	1'24"087	185.165
Wendlinger	23	1'24"387	184.507
Verstappen	3	1'26"017	181.011
Badoer	13	1'26"349	180.315
Inoue	34	1'26"470	180.062
Gachot	22	1'26"826	179.324
Montermini	7	1'27"447	178.051
Moreno	31	1'27"829	177.276
Schiattarella	9	1'28"467	175.998
Diniz	49	1'28"811	175.316

ERGEBNIS

	FAHRER	RENNSTALL	KM/H	ABSTAND
1.	Gerhard Berger *	Ferrari	183.976	——
2.	Mika Hakkinen	McLaren	183.763	6"844
3.	Jean Alesi	Ferrari	182.420	50"517
4.	Mark Blundell	McLaren	182.122	1'00"309
5.	Mika Salo	Tyrrell	181.596	1 runde
6.	Aguri Suzuki	Ligier	181.385	1 runde
7.	Andrea Montermini	Pacific	169.719	5 runde
8.	Pedro Diniz	Forti	168.107	6 runde

(*) Schumacher (1.) und Coulthard (2.) disqualifiziert.

AUSFÄLLE

FAHRER	RENNSTALL	RUNDE	GRUND
Pierluigi Martini	Minardi	0	Getriebe
Olivier Panis	Ligier	0	Unfall
Heinz Harald Frentzen	Sauber	10	Elektrik
Domenico Schiattarella	Simtek	12	Bremsen
Eddie Irvine	Jordan	15	Getriebe
Ukyo Katayama	Tyrrell	15	Dreher
Jos Verstappen	Simtek	16	Getriebe
Rubens Barrichello	Jordan	16	Getriebe
Bertrand Gachot	Pacific	23	Getriebe
Johnny Herbert	Benetton	30	Unfall
Damon Hill	Williams	30	Dreher
Karl Wendlinger	Sauber	41	Elektrik
Roberto Moreno	Forti	47	Dreher
Luca Badoer	Minardi	47	Getriebe
Taki Inoue	Footwork	48	Brand
Gianni Morbidelli	Footwork	62	Elektrik

Wie gewöhnlich startet die F1-Meisterschaft in Brasilien. Ein dramatisches Jahr ist vorbei: die Toten von Imola, der Verlust Ayrton Sennas, der unangefochtenen Nummer Eins. Auf dem Thron nun der junge Deutsche Michael Schumacher, nach dem Ausscheiden des brasilianischen Champions ist er jetzt zweifelsfrei der Spitzenfahrer.

In Sao Paolo fährt zuerst Schumacher ins Ziel, gefolgt von Coulthard und G.Bergers Ferrari. Die Disqualifizierung der ersten beiden - die Rennrichter erkennen auf Verletzung der Benzinnormen - machen Ferrari zum lachenden Dritten: Berger wird Erster und Alesi Dritter. Zwischen den zwei der McLaren von Mika Hakkinen. Beim Start streift Schumachers Benetton Damon Hill in *Pole-Position* und geht in Führung, dicht gefolgt von den beiden Williams. Nach dem Auftanken übernimmt dann D. Hill das Kommando, behält es auch ohne sonderliche Schwierigkeiten bis zur 31. Runde, als er in der nach Senna benannten S-Kurve schlingert, sich dreht und von der Piste abkommt. Damit ist von neuem der Weg frei für Schumacher, der den elf Sekunden hinter ihm liegenden Williams von Coulthard bis zur Zielfahne unter Kontrolle hält.

1 Massenhaft gedenken Brasiliens Fans Ayrton Sennas.

2 Das traditionelle Fahrerfoto zur Eröffnung der Weltmeisterschaft.

3 Mikka Salo am Steuer seines Tyrrells.

4 Ayrton Senna an der Spitze des Grand Prix 1994.

KURIOSA - DAMALS UND HEUTE

* Fehlstart für Pierluigi Martini in der diesjährigen Meisterschaft: Getriebeschaden an seinem Minardi während der Aufwärmrunde. Gleiches geschieht dem zweiten Minardi - am Steuer Luca Badoer -, der jedoch dann für 47 Runden gut ist.

* Schwarzer Tag auch für die Jordans, ebenfalls wegen Getriebeschäden: Irvine und Barrichello müssen in der 15. und 16. Runde aufgeben.

** Der wellenförmige Asphalt der Rennstrecke von Sao Paolo verursacht nicht wenige mechanische und physische Probleme. Der Pacific von Montermini verliert ein Teil des Bodenchassis. Jean Alesi und Mika Salo beklagen sich über Arm- und Schulterkrämpfe, hervorgerufen durch von den Bodenwellen der Piste verursachte starke Steuervibrationen.
Am meisten riskiert jedoch bei den Probeläufen am Freitag Schumacher, dessen Benetton wegen eines Lenkungsschadens ausbricht und mit Höchsttempo in die Reifenbarrikade saust.*

* Ab diesem Jahr müssen die Fahrer besonders aufmerksam sein, um einen eventuellen Frühstart zu vermeiden, denn im Asphalt jeder Startposition sind Sensoren eingelassen, die mittels der Black Box von Tag-Heuer die erforderlichen Daten an die Rennleitung übermitteln.

VOR EINEM JAHR

Nationalheld Ayrton Senna erkämpft sich die *Pole-Position* und hat nach dem Start sofort die Nase vorn. Schumacher, fast gleichauf mit dem Brasilianer, startet schlecht und ringt erbittert mit Alesi um Platz Zwei. Den Ferrari hinter sich, beginnt die Schlacht auf der Piste und an den Boxen gegen Senna. Benetton übernimmt die Führung und Senna, der mit allen Mitteln die verlorenen fünf Sekunden aufholen will, überfordert Mensch und Maschine und bricht in der 55. Runde aus dem Streckenverlauf aus. Sieg für Schumacher, der sich seinen 3. Grand Prix-Erfolg erfährt.

GROSSER PREIS VON Argentinien

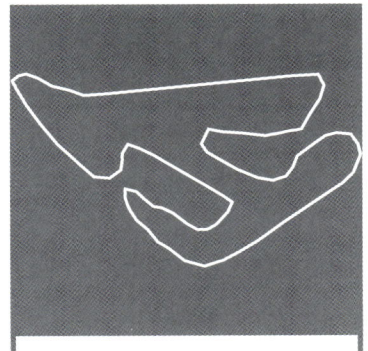

D. Coulthard Williams 1'53"241 (135,396)	**1**	**D. Hill** Williams 1'54"057 (134,428)			
M. Schumacher Benetton 1'54"272 (134,175)	**2**	**E. Irvine** Jordan 1'54"381 (134,047)			
M. Hakkinen McLaren 1'54"529 (133,874)	**3**	**J. Alesi** Ferrari 1'54"637 (133,747)			
M. Salo Tyrrell 1'54"757 (133,608)	**4**	**G. Berger** Ferrari 1'55"276 (133,006)			
H.H. Frentzen Sauber 1'55"583 (132,653)	**5**	**R. Barrichello** Jordan 1'56"114 (132,046)			
J. Herbert Benetton 1'57"068 (130,970)	**6**	**G. Morbidelli** Footwork 1'57"092 (130,943)			
L. Badoer Minardi 1'57"167 (130,859)	**7**	**J. Vesrtappen** Simtek 1'57"231 (130,788)			
U. Katayama Tyrrell 1'57"484 (130,506)	**8**	**P. Martini** Minardi 1'58"066 (129,863)			
M. Blundell McLaren 1'58"660 (129,213)	**9**	**O. Panis** Ligier 1'58"824 (129,035)			
A. Suzuki Ligier 1'58"882 (128,972)	**10**	**D. Schiattarella** Simtek 1'59"539 (128,263)			
K. Wendlinger Sauber 2'00"751 (126,975)	**11**	**A. Montermini** Pacific 2'01"763 (125,920)			
B. Gachot Pacific 2'04"050 (123,599)	**12**	**R. Moreno** Forti 2'04"481 (123,171)			
P. Diniz Forti 2'05"932 (121,751)	**13**	**T. Inoue** Footwork 2'07"298 (120,445)			

9. April 1995.
Rennstrecke: Oscar A. Galvez. **Distanz:** 306 km. **Rennleiter:** John Corsmith. **Zuschauer:** 60.000. **Wetterlage:** Freitag/Samstag regnerisch, Sonntag bewölkt.

SCHNELLSTE RUNDE

Fahrer	Runde	Zeit	km/h
Schumacher	55	1'30"522	169.378
Hill	21	1'31"253	168.021
Alesi	25	1'31"453	167.653
Berger	65	1'31"866	166.900
Coulthard	3	1'32"095	166.485
Herbert	32	1'33"082	164.719
Salo	28	1'33"636	163.745
Barrichello	26	1'33"810	163.441
Panis	27	1'33"953	163.192
Suzuki	26	1'34"049	163.026
Katayama	5	1'34"106	162.927
Frentzen	4	1'34"331	162.538
Morbidelli	26	1'34"396	162.426
Blundell	5	1'34"963	161.457
Irvine	4	1'35"070	161.275
Inoue	30	1'35"325	160.843
Verstappen	5	1'35"353	160.796
Martini	5	1'35"837	159.984
Schiattarella	27	1'35"945	159.804
Diniz	4	1'40"683	152.284
Moreno	4	1'40"730	152.213

ERGEBNIS

	FAHRER	RENNSTALL	KM/H	ABSTAND
1.	Damon Hill	Williams	162.385	—
2.	Jean Alesi	Ferrari	162.232	6"407
3.	Michael Schumacher	Benetton	161.592	33"376
4.	Johnny Herbert	Benetton	159.085	1 runde
5.	Heinz Harald Frentzen	Sauber	157.738	2 runde
6.	Gerhard Berger	Ferrari	157.028	2 runde
7.	Olivier Panis	Ligier	156.888	2 runde
8.	Ukyo Katayama	Tyrrell	154.829	3 runde
9.	Domenico Schiattarella	Simtek	152.287	4 runde

AUSFÄLLE

FAHRER	RENNSTALL	RUNDE	GRUND
Karl Wendlinger	Sauber	0	Unfall
Bertrand Gachot	Pacific	0	Unfall
Mika Hakkinen	McLaren	0	Unfall
Andrea Montermini	Pacific	1	Unfall
Eddie Irvine	Jordan	6	Ölverlust
Mark Blundell	McLaren	9	Ölradiator
David Coulthard	Williams	16	Motor
Jos Verstappen	Simtek	23	Detriebe
Rubens Barrichello	Jordan	33	Ölverlust
Taki Inoue	Footwork	40	Dreher
Gianni Morbidelli	Footwork	43	Dreher
Pierluigi Martini	Minardi	44	Dreher
Aguri Suzuki	Ligier	47	Unfall
Mika Salo	Tyrrell	48	Unfall
Roberto Moreno	Forti	63	Motor

Nach dreizehnjähriger Abwesenheit kehrt die F1 nach Argentinien zurück, auf die neue, eben erst eingeweihte und daher den Piloten unbekannte Rennstrecke von Buenos Aires.
Ein unglaublich starker Platzregen, der Piste und Boxen überschwemmt, vereinfacht die Situation nicht gerade.
Doch das ist genau der Moment, in dem eine Reihe junger Fahrer die Krallen zeigen können: Coulthard erobert sich seine erste *Pole-Position*, Eddie Irvine bringt seinen Jordan für den Start in die zweite Reihe, optimale Zeiten auch für den Tyrrell von Mika Salo, den Sauber von Frentzen und die beiden Minardi von Badoer und Martini.
Auch das Rennen selbst ist ein wahres Spektakel. Beim ersten Start schneidet der entfesselte Irvine die erste Kurve so draufgängerisch, daß er Alesi zu einer Rundumdrehung zwingt, die ihrerseits ein beeindruckendes Bremsen, Schlingern und Karambolagen der nachfolgenden Wagen auslöst. Rennstopp. Der zweite Versuch sieht schon nicht mehr Badoers Minardi am Start, der zu stark in Mitleidenschaft gezogen worden ist.
Bis zur 6. Runde liegt Coulthard an der Spitze, dann macht ihm sein Motor zu schaffen. Das Aus kommt in der 16. Runde. Es folgt das übliche Karussell der Stopps an den Boxen, die Alesi für neun Runden die Führung überlassen. Dann überholt ihn Hill, der bis zum Ende erfolgreich die Spitze verteidigt, auch wenn Alesi tut was er kann, um an den Williams heranzukommen. Am Ende sind es sechs Sekunden Unterschied.
Dritter wird Schumacher und Vierter der andere Benetton von Herbert.

KURIOSA - DAMALS UND HEUTE

Beinahe zum Boxkampf gerät das Rennen, als der Finne Mika Salo den Japaner Suzuki an den Boxen beschuldigt, verantwortlich zu sein für ihr Ausscheiden in der 47. Runde, als Salo an 5. Stelle lag.

Enorme Probleme mit den Reifen gab es bei diesem Großen Preis, wahrscheinlich wegen der neuen, ungewohnten Asphaltdecke. Berger, Katayama und Suzuki finden sich wegen allzu hoher Verschleißerscheinungen mit perforierten Reifen wieder.

Seinen 10. Sieg in 36 Rennen feiert Damon Hill in Argentinien, eine wahrhaft hohe Erfolgsquote für den Sohn des großen Graham, der vierzehnmal auf dem Siegerpodest stand.

Die letzte F1 in Argentinien fand 1981 statt, als Nelson Piquet auf seinem Brabham gewann. Die vollständig neue Strecke erlaubt nun nur noch eine Durchschnittsgeschwindigkeit von 162 km/Std. (gegenüber 200 km/Std. 1981).

Für den Grand Prix Argentiniens bleibt jenes erste Mal im fernen 1953 erinnerungs- und denkwürdig, aus dem Ascari mit seinem Ferrari als Sieger hervorging - ein Großes Preis jedoch im Schatten des Todes von zehn Zuschauern, Opfer des von der Piste abgekommenen Wagens von Fanna.

J.M.Fangio, in diesem Jahr verstorben, siegte 1954, 1955, 1956 und 1957 und bleibt der einzige argentinische Fahrer, der zuhause gewann. Reutermann, der sich ebenfalls darin versuchte, mußte sich 1972 auf seinem Brabham mit der Pole-position und 1978 auf seinem Ferrari mit einem siebten Platz begnügen.

IM GOLDENEN BUCH

1953	Ascari
1954	Fangio
1955	Fangio
1956	Fangio-Musso
1957	Fangio
1958	Moss
1960	McLaren
1972	Stewart
1973	E. Fittipaldi
1974	Hulkme
1975	E. Fittipaldi
1977	Scheckter
1978	Andretti
1979	Laffite
1980	Jones
1981	Piquet

1 Der Wolkenbruch während der Probeläufe.

2 Der Sieger von 1991, Nelson Piquet, verfolgt von Jacques Lafitte und Alan Jones.

3 David Coulthard mit dem Pokal für seine 1. "Pole".

4 Aguri Suzuki

GROSSER PREIS VON San Marino

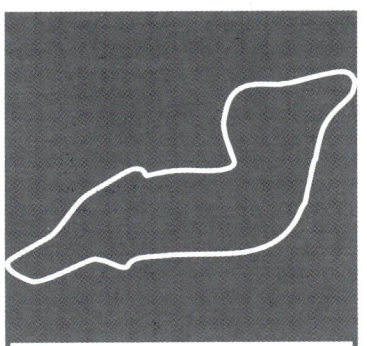

Startaufstellung

Pos	Fahrer		Pos	Fahrer
1	M. Schumacher, Benetton, 1'27"274 (201,916)			G. Berger, Ferrari, 1'27"282 (201,897)
2	D. Coulthard, Williams, 1'27"459 (201,489)			D. Hill, Williams, 1'27"512 (201,367)
3	J. Alesi, Ferrari, 1'27"813 (200,676)			M. Hakkinen, McLaren, 1'28"343 (199,473)
4	E. Irvine, Jordan, 1'28"516 (199,083)			J. Herbert, Benetton, 1'29"350 (197,224)
5	N. Mansell, McLaren, 1'29"517 (196,856)			R. Barrichello, Jordan, 1'29"551 (196,782)
6	G. Morbidelli, Footwork, 1'29"582 (196,714)			O. Panis, Ligier, 1'30"760 (194,160)
7	M. Salo, Tyrrell, 1'31"035 (193,574)			H.H. Frentzen, Sauber, 1'31"358 (192,890)
8	U. Katayama, Tyrrell, 1'31"630 (192,317)			A. Suzuki, Ligier, 1'31"913 (191,725)
9	J. Verstappen, Simtek, 1'32"156 (191,219)			P. Martini, Minardi, 1'32"445 (190,261)
10	T. Inoue, Footwork, 1'32"710 (190,077)			L. Badoer, Minardi, 1'33"071 (189,339)
11	K. Wendlinger, Sauber, 1'33"494 (188,483)			B. Gachot, Pacific, 1'33"892 (187,684)
12	D. Schiattarella, Simtec, 1'33"965 (187,538)			A. Montermini, Pacific, 1'35"169 (185,165)
13	R. Moreno, Forti, 1'36"065 (183,438)			P. Diniz, Forti, 1'36"624 (182,377)

30. April 1995. **Rennstrecke:** Imola. **Distanz:** 308 km. **Organisation:** Sagis. **Rennleiter:** Massimo Gambucci. **Zuschauer:** 80.000. **Wetterlage:** durchweg heiter, nur vor dem Rennen regnerisch.

SCHNELLSTE RUNDE

Fahrer	Runde	Zeit	km/h
Berger	57	1'29"568	196.744
Hill	42	1'29"710	196.433
Alesi	42	1'30"008	195.783
Coulthard	59	1'30"049	195.693
Herbert	60	1'30"055	195.680
Irvine	53	1'30"868	193.930
Hakkinen	54	1'31"029	193.587
Panis	44	1'31"135	193.361
Mansell	41	1'31"251	193.116
Frentzen	60	1'31"754	192.057
Suzuki	55	1'32"280	190.962
Martini	59	1'32"505	190.498
Morbidelli	54	1'33"415	188.642
Barrichello	30	1'33"540	188.390
Wendlinger	43	1'33"617	188.235
Badoer	49	1'33"838	187.792
Schiattarella	31	1'35"534	184.458
Gachot	35	1'36"136	183.303
Katayama	23	1'37"243	181.216
Moreno	52	1'37"529	180.685
Diniz	52	1'37"872	180.051
Salo	17	1'39"837	176.508
Verstappen	12	1'44"585	168.495
Schumacher	8	1'45"701	166.716
Montermini	12	1'47"102	164.535
Inoue	11	1'59"717	147.197

ERGEBNIS

	FAHRER	RENNSTALL	KM/H	ABSTAND
1.	Damon Hill	Williams	181.922	—
2.	Jean Alesi	Ferrari	191.371	18.510
3.	Gerhard Berger	Ferrari	180.645	43.116
4.	David Coulthard	Williams	180.388	51.890
5.	Mika Hakkinen	McLaren	177.583	1 runde
6.	Heinz H. Frentzen	Sauber	176.690	1 runde
7.	Johnny Herbert	Benetton	176.117	2 runde
8.	Eddie Irvine	Jordan	175.037	2 runde
9.	Olivier Panis	Ligier	174.675	2 runde
10.	Nigel Mansell	McLaren	174.059	2 runde
11.	Aguri Suzuki	Ligier	172.457	3 runde
12.	Pierluigi Martini	Minardi	170.033	4 runde
13.	Gianni Morbidelli	Footwork	169.003	4 runde
14.	Luca Badoer	Minardi	168.835	4 runde
15.	Pedro Diniz	Forti	161.071	7 runde

AUSFÄLLE

FAHRER	RENNSTALL	RUNDE	GRUND
Michael Schumacher	Benetton	10	Verlassen der Piste
Taki Inoue	Footwork	12	Verlassen der Piste
Jos Verstappen	Simtek	14	Getriebe
Andrea Montermini	Pacific	15	Getriebe
Mika Salo	Tyrrell	19	Motor
Ukyo Katayama	Tyrrell	23	Dreher
Rubens Barrichello	Jordan	31	Getriebe
Domenico Schiattarella	Simtek	35	Verlassen der Piste
Bertrand Gachot	Pacific	36	Getriebe
Karl Wendlinger	Sauber	43	Radlager

Unsinnig es zu leugnen: Große Nervosität und Besorgnis herrschten vor dem Großer Preis in Imola. Zu frisch waren noch die Erinnerungen an Senna und Ratzenberger und den ganzen Großer Preis des Vorjahres, der aus vielen Gründen tiefe Spuren hinterlassen hat. Zum Glück ist diesmal alles gut gegangen - Damon Hill auf dem obersten Treppchen und - zur Freude der mehr als 100.000 italienischen Fans - die zwei Ferrari-Piloten ihm zur Seite.

Für Schumacher war Imola eine Pleite: in zwei Tagen war er zweimal von der Piste abgekommen. Samstagmorgen hatte er beim Zusammenprall mit dem Sicherheitswall viel riskiert, denn der rechte Vorderreifen sprang ab und streifte fast seinen Helm. Dann im Rennen der furchtbare Ausbruch aus der Piste gleich nach der Curva della Tosa.

Die Boxen Stops für den Reifenwechsel bestimmen das Bild, denn man startet auf einer nassen Bahn, weshalb die Klügeren Regenreifen aufziehen.

Am Start zeigen die Sensoren an, daß Badoer und Verstappen zu früh angefahren sind. Das heisst für sie: stop and go!

Schumacher geht gleich an die Spitze, Berger folgt ihm auf den Fersen. Dann dreht sich das Karussell des Reifenwechsels.

Der erste ist Berger, in der zehnten Runde fahren fast gleichzeitig Schumacher und Hill an die Boxen. Der Deutsche rast wie von den Furien getrieben wieder los, doch mit zu kalten Reifen und kommt kurz darauf von der Bahn ab. Ein herrliches Duell bis an die Grenzen des Möglichen liefern sich Alesi und Coulthard mit plötzlichem Abstoppen und Überrundungen.

Und was ist vom "alten Löwen" Mansell zu berichten? Nach den Probeläufen wird er auf die 9. Startposition verbannt, dann veranstaltet er im Rennen spektakuläre Karambolagen, zuerst am Start mit Morbidelli, dann in der 45. Runde mit Irvine.

In diesem Grand Prix hat dann am Ende Hill die Nase vorn, vor dem großartigen Alesi und Berger, der Coulthard schlägt dank der Strafpunkte die dieser für zu schnelles Fahren an den Boxen kassiert.

1 Der Start beim Großen Preis von Imola.

2 Die italienischen Fans gedenken Ayrton Sennas am Ort des tragischen Unglücks.

3 Karambolage auf der Geraden beim ersten Start des Grand Prix 1994.

4 Die Überreste von Ayrton Sennas Williams.

KURIOSA - DAMALS UND HEUTE

* In der 22. Runde ein ganz unerwarteter Reifenwechsel an den Boxen von Ligier: Während man auf den eigenen Mann (Panis) wartet, jagt der Jordan von Irvine heran, der seinen gewaltigen Irrtum zuerst gar nicht bemerkt und, wild mit den Armen gestikulierend, die Mechaniker zur Eile antreibt.

* Der erste Große Preis von Imola wird 1980 ausgetragen und von Nelson Piquet gewonnen. Ayrton Senna hat hier dreimal gesiegt (1988 - 1989 - 1991) wie auch Alain Prost (1984 - 1986 - 1990), zweimal dagegen Nelson Piquet (1980 - 1981) und Nigel Mansell (1987 - 1992).

* Die Weltmeisterschaftstabelle verändert sich: Schumacher und Coulthard werden die Punkte aus dem Brasilien-Rennen, die aufgrund der Disqualifizierung wegen des Benzins abgezogen worden waren, wieder zugesprochen. Eine Episode, die hoffentlich bald in Vergessenheit geraten sein wird, da sie der F1 alles andere als Ehre macht.

VOR EINEM JAHR

Vor einem Jahr starben Ratzenberger und Senna. Das Rennen zählt wenig gegenüber den dramatischen Ereignissen in nur 24 Stunden auf dem Ring von Imola. Zuerst trifft es Roland Ratzenberger, dessen Simtek im Probelauf mit 300 km/h in der Villeneuve-Kurve zerschellt. Der Pilot ist auf der Stelle tot. Er war 32 und in Salzburg geboren. Ein Defekt an der Steuerung ist verantwortlich dafür, daß der Wagen vom Kurs abkommt. Dann am Sonntag in der 5. Runde trifft es Ayrton Senna, der wie immer sich an die Spitze setzte. In der Tamburello-Kurve schießt der Wagen dann mit Höchstgeschwindigkeit aus der Bahn. Es ist 14 Uhr 17. Um 18 Uhr 40 stirbt Senna im Krankenhaus von Bologna. Imola, die Fans, die ganze Welt - niemand traut sein Augen, wenn am Fernsehen immer wieder die Bilder des Unglücks wiederholt werden. Er starb, als er - so wie es sich für ihn gehörte - in Führung lag.

GROSSER PREIS VON Spanien

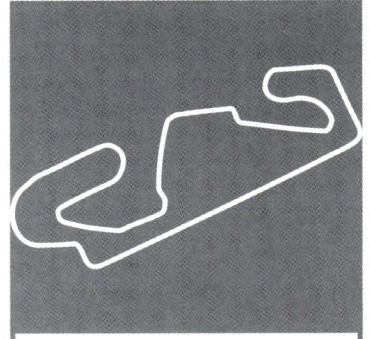

Startaufstellung

1	M. Schumacher – Benetton	1'21"452 (208,923)
	J. Alesi – Ferrari	1'22"052 (207,395)
2	G. Berger – Ferrari	1'22"071 (207,347)
	D. Coulthard – Williams	1'22"332 (206,690)
3	D. Hill – Williams	1'22"349 (206,647)
	E. Irvine – Jordan	1'23"352 (204,161)
4	J. Herbert – Benetton	1'23"536 (203,711)
	R. Barrichello – Jordan	1'23"705 (203,300)
5	M. Hakkinen – McLaren	1'23"833 (202,989)
	N. Mansell – McLaren	1'23"927 (202,762)
6	M. Brundle – Ligier	1'24"727 (200,847)
	H. H. Frentzen – Sauber	1'24"802 (200,670)
7	M. Salo – Tyrrell	1'24"971 (200,271)
	G. Morbidelli – Footwork	1'25"053 (200,078)
8	O. Panis – Ligier	1'25"204 (199,723)
	J. Verstappen – Simtek	1'25"827 (198,273)
9	U. Katayama – Tyrrell	1'25"946 (197,999)
	T. Inoue – Footwork	1'26"059 (197,739)
10	P. Martini – Minardi	1'26"619 (196,460)
	K. Wendlinger – Sauber	1'27"007 (195,584)
11	L. Badoer – Minardi	1'27"345 (194,827)
	D. Schiattarella – Simtek	1'27"575 (194,316)
12	A. Montermini – Pacific	1'28"094 (193,171)
	B. Gachot – Pacific	1'28"598 (192,072)
13	R. Moreno – Forti	1'28"963 (191,284)
	P. Diniz – Forti	1'29"540 (190,051)

14. Mai 1995. **Rennstrecke:** Catalunya. **Distanz:** 307 km. **Organisation:** Real Automobil de Catalunya. **Rennleiter:** John Corsmith. **Zuschauer:** 50.000. **Wetterlage:** Freitag wechselhaft, Samstag/Sonntag heiter.

SCHNELLSTE RUNDE

Fahrer	Runde	Zeit	km/h
Hill	46	1'24"531	201.313
Schumacher	36	1'24"787	200.705
Coulthard	11	1'25"409	199.244
Herbert	36	1'25"521	198.983
Alesi	15	1'25"671	198.634
Hakkinen	31	1'25"771	198.403
Berger	48	1'25"794	198.350
Irvine	43	1'25"868	198.179
Barrichello	45	1'26"246	197.310
Panis	22	1'26"369	197.029
Brundle	25	1'27"039	195.512
Mansell	17	1'27"054	195.479
Morbidelli	57	1'27"284	194.964
Frentzen	24	1'27"328	194.865
Katayama	42	1'27"467	194.556
Salo	58	1'27"823	193.767
Verstappen	39	1'27"923	193.547
Wendlinger	50	1'27"991	193.397
Inoue	16	1'28"204	192.930
Martini	21	1'28"828	191.575
Badoer	17	1'29"032	191.136
Schiattarella	44	1'29"712	189.687
Gachot	35	1'29"924	189.240
Moreno	7	1'31"783	185.407
Diniz	4	1'32"423	184.123

ERGEBNIS

	FAHRER	RENNSTALL	KM/H	ABSTAND
1.	Michael Schumacher	Benetton	195.320	—
2.	Johnny Herbert	Benetton	193.542	51"988
3.	Gerhard Berger	Ferrari	193.094	1'05"237
4.	Damon Hill	Williams	191.207	2'01"749
5.	Eddie Irvine	Jordan	192.145	1 runde
6.	Olivier Panis	Ligier	191.261	1 runde
7.	Rubens Barrichello	Jordan	190.681	1 runde
8.	Heinz H. Frentzen	Sauber	190.331	1 runde
9.	Martin Brundle	Ligier	189.560	1 runde
10.	Mika Salo	Tyrrell	189.447	1 runde
11.	Gianni Morbidelli	Footwork	188.716	2 runde
12.	Jos Verstappen	Simtek	188.229	2 runde
13.	Karl Wendlinger	Sauber	187.046	2 runde
14.	Pierluigi Martini	Minardi	186.119	3 runde
15.	Domenico Schiattarella	Simtek	181.308	4 runde

AUSFÄLLE

FAHRER	RENNSTALL	RUNDE	GRUND
Andrea Montermini	Pacific	0	Getriebe
Pedro Diniz	Forti	17	Getriebe
Nigel Mansell	McLaren	18	Trimmung
Luca Badoer	Minardi	21	Getriebe
Jean Alesi	Ferrari	22	Motor
Roberto Moreno	Forti	39	Motor
Bertrand Gachot	Pacific	43	Brand
Taki Inoue	Footwork	43	Brand
Mika Hakkinen	McLaren	53	Motor
David Coulthard	Williams	51	Getriebe
Ukyo Katayama	Tyrrell	56	Motor

Pole-Position und Sieg für den deutschen Fahrer von Benetton, der seinem Teamkollegen J. Herbert fast eine Minute und mehr als eine dem Ferrari von Berger verpaßt hat. Dank auch der zehn Punkte für die revidierte Disqualifizierung bezüglich des Brasilien-Rennens kehrt Schumacher wieder an die Tabellenspitze zurück. Eine Superleistung des Fahrers bei diesem GP, aber auch der Mannschaftsstrategie, die ihm einen der normalen drei Pit-stops ersparte. Ein Nettogewinn von 20 Sekunden. Beim Start funktioniert das grüne Licht nicht, doch als das rote erlöscht, geben wie im Traum alle Piloten dennoch Gas. Schumacher, gefolgt von Alesi, kommt gut weg und bestimmt sogleich das Geschehen, indem er eine Sekunde pro Runde gutmacht.

Alle Fahrer müssen zum Boxen Stop an die Boxen, doch der Deutsche fährt durch, bis er Alesi auf 33 Sekunden zurückgeworfen hat. Dann geht's an die Boxen zum Reifenwechsel.

Auf dem Weg zurück zur Piste riskiert Schumacher Kopf und Kragen, als er auf der Boxenspur den Holländer Verstappen auf seinem Simtek überholt. Das ist nicht das einzige Risiko für die Boxen in diesem Rennen, und immer ist es die Schuld von Benetton.

In der 40.Runde muss Herbert zum Reifenwechsel halten. Beim Losfahren verhakt sich der hintere Cric und Herbert passiert fast die ganze Boxenspur mit dem gefährlichen Ding, bis es sich glücklicherweise von selbst losmacht, ohne einen der Mechaniker zu verletzen.

In der 45. Runde riskiert es Gachot auf seinem Pacifik, Feuer zu fangen, da beim Auftanken Benzin verspritzt wird. Zum Glück werden die Flammen sofort erstickt.

Das Rennen geht dem Ende zu: Schumacher an der Spitze, hinter ihm scheinbar problemlos Hill und Coulthard. Auf einmal stecken die beiden Williams in der Krise.

In der 54. Runde muss Coulthard wegen Getriebeschadens aufgeben, Gleiches geschieht Hill in der letzten Runde, als er bei abgeschaltetem Motor sowohl Herbert als auch den ungläubigen Berger an sich vorbeiziehen sieht.

Zur Chronik des Tages gehört am Schluss noch das Abenteuer des "armen" Mansell: Schatten seiner selbst wird er von seinem Katastrophen-Wagen erst in die 5. Startreihe verbannt und dann in der 18. Runde, als er auf dem 22. Platz liegt, zur Aufgabe gezwungen. Es sieht so aus, als ob die Zusammenarbeit mit McLaren bald platzt.

KURIOSA - DAMALS UND HEUTE

* Johnny Herbert steigt zum ersten Mal in seiner Karriere auf's Treppchen, neben seinem Teamgefährten Schumacher. Sein Debüt in der F1 gab er 1989 in Brasilien, wo er für Benetton einen unerwarteten 4. Platz belegte.

* Der GP von Spanien auf dem Ring von Montjuich wurde 1975 wegen eines dramatischen Unfalls von Rolf Stommelen abgebrochen, bei dem sein Lola von der Piste rutschte und vier Zuschauer tötete. An der Spitze lag J. Mass und auf dem 6. Platz Lella Lombardi, einzige Frau, die in der F1 Punkte machte, genauer: einen halben Punkt wegen Unterbrechung des Rennens.

* Drei Piloten haben dreimal, wenn auch auf verschiedenen Rennstrecken, den Grosser Preis von Spanien errungen: J. Stewart (1969 - 1970 - 1971), N.Mansell (1987 - 1991 - 1992) und A.Prost (1988 - 1989 - 1993). Andere Mehrfachsieger sind A.Senna (1986 - 1989), Andretti (1977 - 1978), E.Fittipaldi (1972 1973) und... Hill (sen. 1968, jun. 1994).

* Himmel und Hölle zwischen J. Alesi und M. Brundle, der den Ferrari, obwohl schon überrundet, nicht vorbeilässt. Eine Runde lang wird der Franzose unter Risiko einer Karambolage hingehalten. Die zwei waren sich noch nie sonderlich sympathisch und, als Alesi zum Überholen ansetzt, wird dem Piloten von Ligier die Faust gezeigt.

VOR EINEM JAHR

Pole-Position Schumachers, der am Ende aber von Hill geschlagen wird. Dritter wird Blundell auf seinem Tyrell. Debüt auf Williams des Schotten Coulthard, der von der Formel 3000 kommt.

Montermini auf Simtek erleidet einen bösen Unfall, als er am Ausgang der Kurve zur Zielgeraden mit über 200 kmh in die Barriere saust. Man findet ihn über dem Steuer zusammengesunken und befürchtet das Schlimmste. Zum Glück ist er aber nur ohnmächtig und kommt mit zwei kleineren Knochenbrüchen an den Beinen davon.

1 Nigel Mansell bei seinem letzten Rennen für McLaren 1995.

2 Johnny Herbert auf dem Podest: das wird sich auch 1995 wiederholen.

3 Ayrton Senna auf seinem Lotus während des siegreichen GP 1986.

4 Andrea Montermini, Pilot für Simtek.

GROSSER PREIS VON Monte Carlo

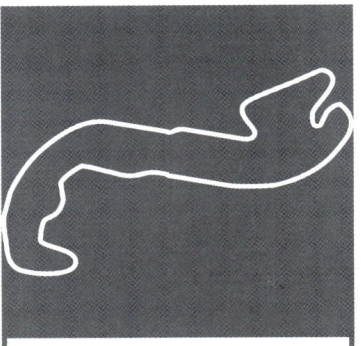

1 D. Hill Williams 1'21"952 (146,193)			M. Schumacher Benetton 1'22"742 (144,797)
2 D. Coulthard Williams 1'23"109 (144,158)			G. Berger Ferrari 1'23"220 (143,965)
3 J. Alesi Ferrari 1'23"754 (143,047)			M. Hakkinen McLaren 1'23"857 (142,872)
4 J. Herbert Benetton 1'23"885 (142,824)			M. Brundle Ligier 1'24"447 (141,874)
5 E. Irvine Jordan 1'24"857 (141,188)			M. Blundell McLaren 1'24"933 (141,062)
6 R. Barrichello Jordan 1'25"081 (140,816)			O. Panis Ligier 1'25"125 (140,744)
7 G. Morbidelli Footwork 1'25"447 (140,213)			H.H. Frentzen Sauber 1'25"661 (139,863)
8 U. Katayama Tyrell 1'25"808 (139,623)			L. Badoer Minardi 1'25"969 (139,362)
9 M. Salo Tyrell 1'26"473 (138,550)			P. Martini Minardi 1'26"913 (137,848)
10 C. Boullion Sauber 1'27"145 (137,481)			D. Schiattarella Simtek 1'28"337 (135,626)
11 B. Gachot Pacific 1'29"039 (134,557)			P. Diniz Forti 1'29"244 (134,248)
12 J. Verstappen Simtek 1'29"391 (134,027)			R. Moreno Forti 1'29"608 (133,702)
13 A. Montermini Pacific 1'30"149 (132,900)			T. Inoue Footwork 1'31"542 (130,878)

28. Mai 1995.

Rennstrecke: Monte Carlo.

Distanz: 259 km.

Organisation: Ac Monaco.

Rennleiter: John Corsmith.

Zuschauer: 110.000.

Wetterlage: während der Probeläufe leicht bewölkt, beim Rennen heiter.

SCHNELLSTE RUNDE

Fahrer	Runde	Zeit	km/h
Alesi	36	1'24"621	141.582
Schumacher	33	1'24"773	141.328
Hill	54	1'24"790	141.300
Berger	49	1'25"379	140.325
Coulthard	15	1'25"884	139.500
Brundle	39	1'25"985	139.336
Barrichello	51	1'26"279	138.861
Blundell	33	1'26"717	138.160
Frentzen	49	1'26"741	138.122
Panis	62	1'26"819	137.997
Herbert	8	1'26"923	137.832
Irvine	19	1'26"993	137.816
Hakkinen	5	1'27"091	137.566
Badoer	60	1'27"359	137.144
Morbidelli	45	1'27"532	136.873
Katayama	10	1'27"568	136.817
Martini	60	1'27"761	136.516
Salo	45	1'27"914	136.279
Boullion	57	1'28"417	135.503
Montermini	20	1'29"548	133.792
Inoue	21	1'30"174	132.863
Diniz	55	1'30"193	132.835
Gachot	7	1'30"394	132.540
Moreno	6	1'30"532	132.338

ERGEBNIS

	FAHRER	RENNSTALL	KM/H	ABSTAND
1.	Michael Schumacher	Benetton	137.604	—
2.	Damon Hill	Williams	136.902	34"817
3.	Gerhard Berger	Ferrari	136.171	1'11"447
4.	Johnny Herbert	Benetton	135.244	1 runde
5.	Mark Blundell	McLaren	134.261	1 runde
6.	Heinz Harald Frentzen	Sauber	133.786	2 runde
7.	Pierluigi Martini	Minardi	132.874	2 runde
8.	Cristophe Boullion	Sauber	132.306	4 runde
9.	Gianni Morbidelli	Footwork	130.527	4 runde
10.	Pedro Diniz	Forti	125.730	6 runde

AUSFÄLLE

FAHRER	RENNSTALL	RUNDE	GRUND
Jos Verstappen	Simtek	0	Getriebe
Domenico Schiattarella	Simtek	0	Getriebe
Mika Hakkinen	McLaren	8	Motor
Roberto Moreno	Forti	9	Bremsen
David Coulthard	Williams	16	Getriebe
Eddie Irvine	Jordan	22	Felge
Andrea Montermini	Pacific	23	Schwarze Fahne
Ukyo Katayama	Tyrrell	26	Dreher
Taki Inoue	Footwork	27	Motor
Martin Brundle	Ligier	40	Dreher
Jean Alesi	Ferrari	41	Unfall
Bertrand Gachot	Pacific	42	Getriebe
Rubens Barrichello	Jordan	60	Gas
Mika Salo	Tyrrell	63	Motor
Olivier Panis	Ligier	65	Dreher

Schumacher wieder Erster und Berger wieder Dritter. Dazwischen Damon Hill, dem der Sieg nicht glückte auf dem Ring, auf dem sein Vater allein fünfmal erfolgreich war.
Beim Start - wie fast immer - ein Unfall: diesmal sind Coulthard und Alesi verwickelt. Der Williams geht hoch und streift beim Herunterkommen auch den Ferrari von Berger. Hinten fährt Panis auf Irvine auf, und das Rennen wird gestoppt.
Beim zweiten Start präsentieren sich Berger, Alesi, Coulthard und Salo mit ihren Reservewagen, die die Mechaniker in grösster Eile vorbereitet haben. Hill startet gut, dicht gefolgt von Schumacher. Montermini auf Pacific wartet nicht das Grün ab und wird mit einem stop and go bestraft, was er aber zu spät bemerkt; in der 23. Runde wird er per schwarzer Fahne endlich von der Piste geholt. In der 22. Runde muß Hill zum Auftanken, und Schumacher übernimmt die Führung, gefolgt von Alesi, der in der 42. Runde wegen einer Kollision mit Brundle aufgeben muss. Schade, denn Alesi fuhr ein tolles Rennen, kam auf acht Sekunden an Schumacher heran dank eines superkurzen Boxen Stops, für den die fantastischen Mechaniker von Ferrari verantwortlich zeichnen.
Wie immer hier auf dem Ring von Monte Carlo fordern Mauern und Bürgersteige von Getrieben und Bremsen hohe "Opfer". Irvine hat einen Felgenbruch, Morenos Bremsen fallen aus und er muß bei der Kurve von St. Dévote aufgeben, Coulthards Getriebe versagt, Badoer kollidiert in der 68. Runde mit der Leitplanke im Tunnel, genau wie Panis in der Kurve des Kasinos.
Sieger des Rennens wird ohne große Schwierigkeiten Schumacher, auf dem 2. Platz landet Damon Hill. Gute trainingsergebnisse für Sauber mit Frentzen auf dem 6. und Boullion auf dem 8. Platz sowie für Minardi mit Martini auf dem 7. Platz.

1 Michael Schumacher, zum zweiten Mal hintereinander Sieger in Monte Carlo.

2 Roberto Moreno am Steuer des Forti.

3 Jacques Villeneuve, Sieger der 500 Meilen von Indianapolis.

4 Der Schock anlässlich des Unfalls von Wendlinger 1994.

KURIOSA - DAMALS UND HEUTE

* Alesi und Brundle. Das Hickhack wiederholt sich auch in Monte Carlo, diesmal sogar mit einem - glücklicherweise unleichten - Unfall: Prellungen an Beinen und Handgelenken für den Ferrari-Piloten, als sein Wagen in den Zeitplanke bei der Tabaccaio-Kurve rast. Der Streit geht dann an den Boxen weiter, zwischen Baccini von Ferrari und Briatore, dem Chef von Benetton und... Besitzer des Ligier von Brundle.
* Wie vorherzusehen, haben sich McLaren und Mansell gleich nach dem Großer Preis von Spanien getrennt. McLaren hat sofort den Engländer Blundell für den Grand Prix von Monte Carlo engagiert, wo er einen hervorragenden 5.Platz belegte.
Äusserst verstimmt über die schlechte Figur, die man abgegeben hat, sind die an so etwas nicht gewöhnten Verantwortlichen von Mercedes, von denen McLaren seine Motoren bezieht.
* In Monaco hat auch einmal ein Monegasse gewonnen, nämlich Louis Chiron auf Bugatti im Jahre 1931. Er beendet im Alter von 56 Jahren seine Karriere auch auf diesem Ring beim Großer Preis 1955, der von Trintignant auf Ferrari eingefahren wird.
* A. Senna hat insgesamt sechsmal hier auf dem obersten Treppchen gestanden (zuerst 1987 und dann fünfmal hintereinander von 1989 bis 1993), A.. Prost hat viermal gesiegt (1984 - 1985 - 1986 - 1988), dagegen Graham Hill fünfmal (1963 - 1964 - 1965 - 1968 - 1969).
* Während in Monte Carlo einer der berühmtesten Großer Preis ausgetragen wurde, fand das wichtigste Rennen in den Vereinigten Staaten statt: die 500 Meilen von Indianapolis. Überraschungssieger wird ein auch in der Formel 1 nicht unbekannter Name: Villeneuve. Es ist eben genau der Sohn des großen Fahrers Gilles, der 24 Jahre junge Jacques, der in den USA ein atemberaubendes Rennen fährt, nachdem er sich schon im Vorjahr als Zweiter klassifiziert hatte. Eine gute Leistung auch der beiden Italiener: Fabi wird 8., und der Debütant auf dem schnellen amerikanischen Ring Zampedri kommt auf Platz 11.

VOR EINEM JAHR

Wie immer *Pole-Position* und Sieg für Schumacher auf Benetton, der in vier ausgetragenen Großer Preis viermal gewonnen hat. Überraschend auf Platz 2 der McLaren Brundles, Dritter wird Berger.
Vor dem Rennen versammeln sich alle Piloten zu einer Schweigeminute auf der Piste zum Gedenken an A. Senna und Ratzenberger.
Wendlinger erleidet einen schweren Unfall beim Probelauf am Donnerstag, sein Wagen kommt vom Kurs ab und knallt gegen die Schikane im Hafen. Im Koma wird er ins Krankenhaus von Nizza eingeliefert: er wird gerettet.

GROSSER PREIS VON Kanada

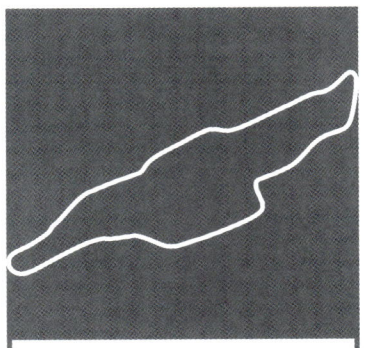

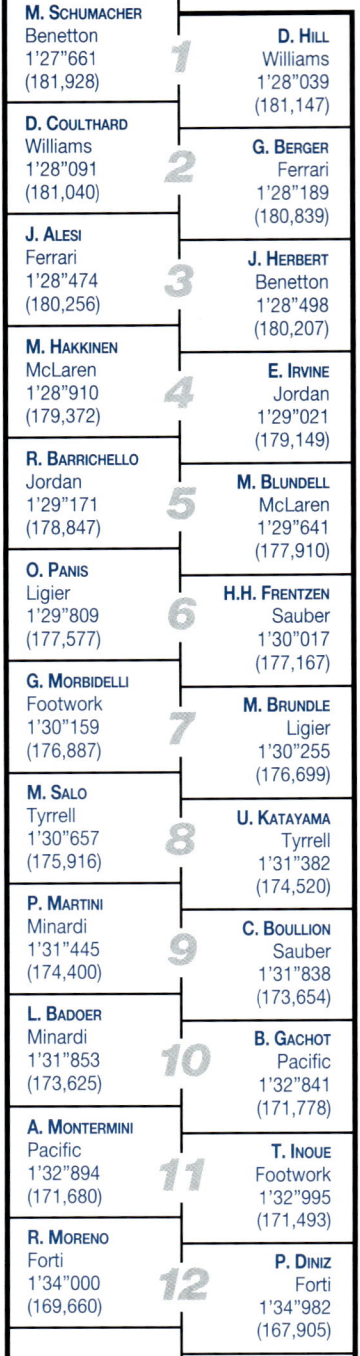

Pos	Fahrer		Pos	Fahrer
1	M. Schumacher, Benetton, 1'27"661 (181,928)			D. Hill, Williams, 1'28"039 (181,147)
2	D. Coulthard, Williams, 1'28"091 (181,040)			G. Berger, Ferrari, 1'28"189 (180,839)
3	J. Alesi, Ferrari, 1'28"474 (180,256)			J. Herbert, Benetton, 1'28"498 (180,207)
4	M. Hakkinen, McLaren, 1'28"910 (179,372)			E. Irvine, Jordan, 1'29"021 (179,149)
5	R. Barrichello, Jordan, 1'29"171 (178,847)			M. Blundell, McLaren, 1'29"641 (177,910)
6	O. Panis, Ligier, 1'29"809 (177,577)			H.H. Frentzen, Sauber, 1'30"017 (177,167)
7	G. Morbidelli, Footwork, 1'30"159 (176,887)			M. Brundle, Ligier, 1'30"255 (176,699)
8	M. Salo, Tyrrell, 1'30"657 (175,916)			U. Katayama, Tyrrell, 1'31"382 (174,520)
9	P. Martini, Minardi, 1'31"445 (174,400)			C. Boullion, Sauber, 1'31"838 (173,654)
10	L. Badoer, Minardi, 1'31"853 (173,625)			B. Gachot, Pacific, 1'32"841 (171,778)
11	A. Montermini, Pacific, 1'32"894 (171,680)			T. Inoue, Footwork, 1'32"995 (171,493)
12	R. Moreno, Forti, 1'34"000 (169,660)			P. Diniz, Forti, 1'34"982 (167,905)

11. Juni 1995. **Rennstrecke:** Gilles Villeneuve. **Distanz:** 305 km. **Organisation:** Ans Canada. **Rennleiter:** John Corsmith. **Zuschauer:** 70.000. **Wetterlage:** sonnig bei den Proben, bewölkt beim Rennen.

SCHNELLSTE RUNDE

Fahrer	Runde	Zeit	km/h
Schumacher	67	1'29"174	178.841
Alesi	33	1'30"398	176.420
Berger	21	1'30"491	176.239
Barrichello	33	1'30"626	175.976
Hill	9	1'30"783	175.672
Irvine	32	1'30"874	175.496
Frentzen	26	1'31"155	174.955
Brundle	56	1'31"496	174.303
Blundell	25	1'31"527	174.244
Panis	66	1'31"654	174.002
Morbidelli	31	1'31"791	173.743
Salo	40	1'32"153	173.060
Katayama	37	1'32"435	172.532
Martini	46	1'32"855	171.752
Boullion	13	1'32"975	171.530
Badoer	15	1'33"000	171.484
Inoue	31	1'33"079	171.338
Gachot	21	1'33"607	170.372
Montermini	5	1'35"588	166.841
Moreno	51	1'36"483	165.293
Diniz	5	1'38"055	162.643
Coulthard	1	1'40"928	158.014

ERGEBNIS

	FAHRER	RENNSTALL	KM/H	ABSTAND
1.	Jean Alesi	Ferrari	172.173	—
2.	Rubens Barrichello	Jordan	171.323	31"687
3.	Eddie Irvine	Jordan	171.281	33"270
4.	Olivier Panis	Ligier	171.195	36"506
5.	Michael Schumacher	Benetton	171.180	37"060
6.	Gianni Morbidelli	Footwork	169.494	1 runde
7.	Luca Badoer	Minardi	167.213	1 runde
8.	Mika Salo	Tyrrell	167.197	1 runde
9.	Taki Inoue	Footwork	166.795	2 runde

AUSFÄLLE

FAHRER	RENNSTALL	RUNDE	GRUND
Mika Hakkinen	McLaren	0	Unfall
Johnny Herbert	Benetton	0	Unfall
David Coulthard	Williams	1	Dreher
Andrea Montermini	Pacific	5	Getriebe
Cristophe Boullion	Sauber	19	Dreher
Pedro Diniz	Forti	26	Getriebe
Heinz Harald Frentzen	Sauber	26	Motor
Bertrand Gachot	Pacific	36	Batterie
Ukyo Katayama	Tyrrell	42	Motor
Mark Blundell	McLaren	47	Motor
Damon Hill	Williams	50	Getriebe
Roberto Moreno	Forti	54	Benzindruck
Pierluigi Martini	Minardi	60	Gas
Gerhard Berger	Ferrari	61	Unfall
Martin Brundle	Ligier	61	Unfall

Aus der *Pole-Position* startet Schumacher sehr schön und fädelt sich als erster in die Serpentine ein, auf den Fersen Hill, Coulthard und die beiden Ferrari.
Drei Piloten, Katayama, Martini und der Finne Salo, werden von der Rennleitung an die Boxen zurückbeordert: zehn Sekunden stop and go wegen Frühstarts.
Während Schumacher Runde um Runde seine Führung ausbaut, duellieren sich hinter ihm Hill und Alesi, von denen letzterer einen wahren Glückstag erlebt. Als Hill in der Serpentine unschlüssig den Fuß vom Gas nimmt, überholt ihn mit einem schönen Manöver Alesi, dann - in der 26. Runde - auch Berger.
Zwischenzeitlich muß Martini zu einem zweiten stop and go für zehn Sekunden an die Boxen, weil er Berger behindert hat.
Dann, etwa ab der 50. Runde wendet sich das Blatt. In der 52. muß Hill wegen Getriebeschadens aufgeben und in der 58. verlangsamt ganz plötzlich der Benetton Schumachers seine Fahrt, ebenfalls mit Problemen am Getriebe. Alesi kann zum Überholen ansetzen und sich im Jubel des Ferrari-Fahnenmeers auf seinen ersten Sieg einstimmen. Mit Mühe erreicht der Benetton die Boxen, wo ein Defekt im Gangschaltungssystem am Steuer diagnostiziert wird, das ausgewechselt wird. Schumacher kann wieder starten, jetzt aber hinter Berger an 7. Position. Er versucht aufzuholen, dreht einige Rekordrunden, kommt aber nur an Panis auf seinem Ligier heran und wird Fünfter, da Berger und Brundle im Kampf um den 4.Platz sich streifen und von der Piste abkommen. Alesi, der mehr als 30 Sekunden vor Barrichello auf Platz 2 liegt, kann ganz gelassen - außer daß ihn vielleicht ein Gedanken an einen eventuellen Schaden oder Boxen Stop zum Auftanken streift - ganz gelassen seinem ersten Grosser Preis-Sieg entgegenfahren - und das an seinem Geburtstag! Mit erhobenen Armen fährt er über die Ziellinie, das Visier seines Helmes beschlagen vom - wie er später den Reportern gesteht - Schweiss der nervlichen Belastung. Der Jubel der Masse, die sich über die Absperrungen hinweg auf die Piste ergiesst, ist unbeschreiblich.

KURIOSA - DAMALS UND HEUTE

* Der GP von Kanada bringt Ferrari offenkundig Glück. 1985 belegte das italienische Team die ersten beiden Plätze. Erster wurde Michele Alboreto, der im Vorjahr die Formel 1 verlassen hat; es war sein 4. Großer Preis-Sieg. Zweiter wurde sein schwedischer Stallgefährte Stefan Johansson, der jetzt in der Formel INDY bei der US-Meisterschaft fährt.
Die anderen Ferrari-Siege: 1970 mit dem Belgier J. Ickx; 1978 mit dem Idol G.Villeneuve und 1983 mit dem Franzosen R. Arnoux.
* Cesare Fiorio, Team-Manager bei Ligier hat seine Zusammenarbeit mit Eigentümer Briatore aufgekündigt. Eine Genugtuung am Schluss: das Resultat in Kanada mit einem Ligier vor Schumachers Benetton. Fiori war Verantwortlicher von Lancia bei den Rallyes, wo er mehrmals den Weltmeistertitel holte. Danach wechselte er zu Ferrari.
* Grosser Erfolg für Jordans Piloten: Barrichello und Irvine auf Platz zwei und drei. Bisheriges Bestergebnis für den irischen Stall, der mit Peugeot-Motoren fährt. Das kommt höchst gelegen in einem Moment, wo man mit einem enorm wichtigen Sponsor für 1996 verhandelt.
* Simtek ist in wirtschaftlichen Schwierigkeiten, deshalb mußte die Teilnahme in Kanada ausfallen. Hoffentlich wird das nicht von der FIA sanktioniert, da nach ihren Statuten die Teilnahme an allen GP eines Jahres obligatorisch ist. Schade ist es auch für den jungen holländischen Fahrer Jos Verstappen, der als Leihgabe Benettons bei Simtek auf einem wenig konkurrenzfähigen Wagen mehr als einmal gezeigt hat, was an Schnelligkeit und Kampfgeist in ihm steckt.

IM GOLDENEN BUCH

Pole-Position und Sieg für Schumacher, gefolgt von Hill und Alesi, der den 2.Platz durch seinen Boxen Stop verloren hat.
Unglaubliche Disqualifizierung von Fittipaldi auf dem 6.Platz, da sein Footwork das Mindestgewicht unterschreitet.
Ehrungen der beiden italienischen Piloten De Cesaris für seinen 200. GP und Martini für seinen 100.

1 Jean Alesi mit seiner Partnerin nach seinem 1. GP-Sieg, hier an den Boxen von Ferrari.

2 Die beiden Jordan: Platz 2 und 3.

3 Cesare Fiorio.

4 Andrea De Cesaris auf Sauber, 1994.

GROSSER PREIS VON Frankreich

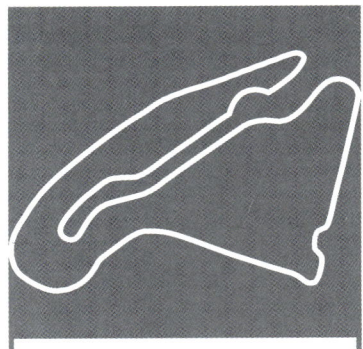

Startaufstellung

Pos	Fahrer		Pos	Fahrer
1	D. Hill — Williams — 1'17"225 (198,122)		2	M. Schumacher — Benetton — 1'17"512 (197,389)
3	D. Coulthard — Williams — 1'17"925 (196,343)		4	J. Alesi — Ferrari — 1'18"761 (194,259)
5	R. Barrichello — Jordan — 1'18"810 (194,138)		6	O. Panis — Ligier — 1'19"047 (193,556)
7	G. Berger — Ferrari — 1'19"051 (193,546)		8	M. Hakkinen — McLaren — 1'19"238 (193,089)
9	M. Brundle — Ligier — 1'19"384 (192,734)		10	J. Herbert — Benetton — 1'19"555 (192,320)
11	E. Irvine — Jordan — 1'19"845 (191,621)		12	H.H. Frentzen — Sauber — 1'20"309 (190,514)
13	M. Blundell — McLaren — 1'20"527 (189,998)		14	M. Salo — Tyrrell — 1'20"796 (189,366)
15	C. Boullion — Sauber — 1'20"943 (189,022)		16	G. Morbidelli — Footwork — 1'21"076 (188,712)
17	L. Badoer — Minardi — 1'21"323 (188,139)		18	T. Inoue — Footwork — 1'21"894 (186,827)
19	U. Katayama — Tyrrell — 1'21"930 (186,745)		20	P. Martini — Minardi — 1'22"104 (186,349)
21	A. Montermini — Pacific — 1'23"466 (183,308)		22	B. Gachot — Pacific — 1'23"647 (182,912)
23	P. Diniz — Forti — 1'24"184 (181,745)		24	R. Moreno — Forti — 1'24"865 (180,286)

2. Juli 1995. **Rennstrecke:** Magny-Cours. **Distanz:** 306 km. **Organisation:** Acf. **Rennleiter:** John Corsmith. **Zuschauer:** 71.000. **Wetterlage:** wechselhaft, heftiger Regen am Morgen des Renntages, vereinzelt leichter Regen beim Rennen.

SCHNELLSTE RUNDE

Fahrer	Runde	Zeit	km/h
Schumacher	51	1'20"218	190.730
Hill	9	1'20"635	189.744
Brundle	60	1'21"005	188.877
Coulthard	71	1'21"235	188.342
Alesi	51	1'21"360	188.053
Panis	7	1'21"398	187.965
Barrichello	8	1'21"455	187.834
Irvine	54	1'21"541	187.636
Berger	8	1'21"782	187.083
Hakkinen	40	1'22"058	186.453
Frentzen	70	1'22"688	185.033
Blundell	45	1'22"698	185.011
Boullion	46	1'22"866	184.635
Herbert	2	1'23"080	184.160
Salo	50	1'23"711	182.772
Morbidelli	35	1'24"256	181.589
Martini	10	1'24"354	181.378
Badoer	30	1'24"546	180.967
Montermini	39	1'24"812	180.399
Gachot	7	1'26"158	177.581
Moreno	7	1'26"748	176.373

ERGEBNIS

	FAHRER	RENNSTALL	KM/H	ABSTAND
1.	Michael Schumacher	Benetton	186.446	—
2.	Damon Hill	Williams	185.463	31"309
3.	David Coulthard	Williams	184.484	1'02"826
4.	Martin Brundle	Ligier	184.469	1'03"293
5.	Jean Alesi	Ferrari	184.020	1'17"869
6.	Rubens Barrichello	Jordan	183.468	1 runde
7.	Mika Hakkinen	McLaren	182.962	1 runde
8.	Olivier Panis	Ligier	182.940	1 runde
9.	Eddie Irvine	Jordan	182.858	1 runde
10.	Heinz Harald Frentzen	Sauber	181.510	1 runde
11.	Mark Blundell	McLaren	180.714	2 runde
12.	Gerhard Berger	Ferrari	180.699	2 runde
13.	Luca Badoer	Minardi	178.162	3 runde
14.	Gianni Morbidelli	Footwork	178.071	3 runde
15.	Mika Salo	Tyrrell	177.074	3 runde

AUSFÄLLE

FAHRER	RENNSTALL	RUNDE	GRUND
Pedro Diniz	Forti	0	Unfall
Taki Inoue	Footwork	0	Unfall
Ukyo Katayama	Tyrrell	0	Unfall
Johnny Herbert	Benetton	2	Unfall
Pierluigi Martini	Minardi	23	Getriebe
Bertrand Gachot	Pacific	24	Unfall
Criostophe Boullion	Sauber	48	Transmission

Damon Hill in *Pole-Position* bleibt auch nach dem Start an der Spitze, vor Schumacher, Coulthard und Barrichello, der wegen Frühstarts zum stop and go muß. Dasselbe Schicksal ereilt Panis und Herbert, der das gar nicht mehr schafft, weil Alesis Ferrari mit ihm kollidiert und ihn von der Piste wirft.

Hill und Schumacher liefern sich mitten unter den Überrundeten ein Gefecht mit Manövern an der Grenze des Erlaubten. Hill steht stark unter Druck, denn der Benetton versucht bei jedem Abbremsen zu überholen. Der Überholvorgang findet statt... während des Boxen Stops (Schumacher in der 19.Runde mit kaum mehr als 8 Sek.; Hill in der 21. mit über 9 Sek.): Schumacher sieht sich vorn, genau als Hill aus der Boxen-Spur fährt.

Boxen Stop auch für Berger auf dem 6.Platz, der wegen Problemen beim Auftanken mehr als eine Minute warten muss.

An den Boxen kommt es dann in der 20. Runde fast zur Tragödie, als Alesi in die Boxen-Spur fährt, genau in dem Moment, als Coulthard, ohne ihn zu sehen, hinausfährt. Als würde das noch nicht reichen, kommt wie ein Blitz Hakkinen heran, der jedoch seinen McLaren noch abstoppen kann, während Alesi wie durch ein Wunder dem Williams ausweichen kann.

In der Tat: der Boxen Stop - so sehr er das Rennen belebt - ist wegen des Hochverkehrs auf der engen Boxenspur und wegen des Benzins beim Auftanken ein ungeheures Risiko.

Mit Schumacher an der Spitze, der weit vor dem Zweiten, Hill, liegt, wird das Rennen nur noch dadurch interessant, daß Brundles Ligier unglaublich aufholt und nur mit vier Zehntelsekunden, d.h. zehn Metern Abstand, auf den Dritten, den Williams von Coulthard, ins Ziel geht.

KURIOSA - DAMALS UND HEUTE

*Der Grosser Preis von Frankreich hat mehr als jeder andere seine Rennstrecke gewechselt: Le Mans, Reims, Rouen, Clermont-Ferrant, dann Le Castellet, Dijon, Paul Ricard und schließlich Magny Cours.

* Bei seinem Debüt in der F1 gewann Giancarlo Baghetti auf Ferrari 1961 den GP von Frankreich in Reims.

* Hauptgewinner des GP hier ist Alain Prost mit sechs Siegen (1981 - 1983 - 1988 - 1989 - 1990 - 1993), es folgen mit je vier Nigel Mansell (1986 - 1987 - 1991 - 1992) und Juan Manuel Fangio (1950 - 1951 - 1954 - 1957).

* Renault beherrscht vollkommen den Grosser Preis von Frankreich 1995: der französische 10-Zylinder ist ungemein zuverlässig und leistungsstark. Auch bei den Proben stellt er das unter Beweis: die ersten drei Plätze gehören ihm ebenso wie die Spitzengeschwindigkeit (296 km/h) von Coulthard auf Williams.

* Die Probleme der kleinen Ställe reißen nicht mehr ab. Diesmal trifft es Minardi: die französische Gendarmerie versiegelt die Boxen mitsamt Wagen und Technik. Eine verzwickte Geschichte um die Lieferung von Motoren und ihre Bezahlung, bei der Tom Walkinshaw, Manager von Ligier, an sein Geld kommen will. Dahinter steckt aber noch eine andere Geschichte: die der Politik der großen Teams, der bekannten und heimlichen Alleanzen, der Lieferung der besten Motoren an den Freund des Freundes...

Ein Tiefschlag für Giancarlo Minardi, einen Mann, der der F1 alles gegeben hat, Begeisterung, Technik, zwischenmenschlichen Kontakt - und vielleicht im Gegenzug zu wenig bekommen hat.

VOR EINEM JAHR

Pole-Position für Damon Hill, Sieg für Michael Schumacher, auf dem Podest neben ihm Hill und Berger. Das ist der sechste Sieg in sieben Rennen.

Eine Nachricht macht die Runde: Nigel Mansell kommt zur Formel 1 zurück, er ist ein Rennen in der US-amerikanischen Meisterschaft der Formel INDY gefahren. Ein erstaunliches Rennen im Duell mit Alesi und Berger wie in den alten Zeiten. Nach dem Abschluß der INDY-Meisterschaft wird er vielleicht noch an den letzten Rennen der F1 teilnehmen.

1 Martin Brundle, unglaublich hat er beim GP von Frankreich aufgeholt.

2 Der Motor von Renault, König von 1995.

3 Die Boxen von Minardi, versiegelt von der Polizei.

4 Das Comeback von Nigel Mansell 1994.

GROSSER PREIS VON Grossbritannien

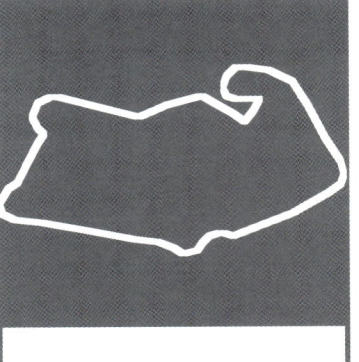

Startaufstellung

1	D. Hill — Williams — 1'28"124 (206,586)	M. Schumacher — Benetton — 1'28"397 (205,948)
2	D. Coulthard — Williams — 1'28"947 (204,675)	G. Berger — Ferrari — 1'29"657 (203,054)
3	J. Herbert — Benetton — 1'29"867 (202,579)	J. Alesi — Ferrari — 1'29"874 (202,564)
4	E. Irvine — Jordan — 1'30"083 (202,094)	M. Hakkinen — McLaren — 1'30"140 (201,966)
5	R. Barrichello — Jordan — 1'30"354 (201,487)	M. Blundell — McLaren — 1'30"453 (201,267)
6	M. Brundle — Ligier — 1'30"946 (200,176)	H.H. Frentzen — Sauber — 1'31"602 (198,742)
7	O. Panis — Ligier — 1'31"842 (198,223)	U. Katayama — Tyrrell — 1'32"087 (197,696)
8	P. Martini — Minardi — 1'32"259 (197,327)	C. Boullion — Sauber — 1'33"166 (195,406)
9	M. Papis — Footwork — 1'34"154 (193,356)	L. Badoer — Minardi — 1'34"556 (192,534)
10	T. Inoue — Footwork — 1'35"323 (190,984)	P. Diniz — Forti — 1'36"023 (189,592)
11	B. Gachot — Pacific — 1'36"076 (189,487)	R. Moreno — Forti — 1'36"651 (188,360)
12	M. Salo — Tyrrell — 1'48"639 (167,575)	A. Montermini — Pacific — 1'52"398 (161,971)

16. Juli 1995. **Rennstrecke:** Silverstone. **Distanz** 308 km. **Organisation:** Rac. **Rennleiter:** John Corsmith. **Zuschauer:** 90.000. **Wetterlage:** Freitag heiter, Samstag regnerisch, beim Rennen bewölkt.

SCHNELLSTE RUNDE

Fahrer	Runde	Zeit	km/h
Hill	37	1'29"752	202.839
Schumacher	28	1'30"271	201.673
Alesi	38	1'30"768	200.568
Coulthard	42	1'30"812	200.471
Barrichello	38	1'30"841	200.407
Herbert	23	1'31"149	199.730
Panis	37	1'31"393	199.197
Berger	16	1'31"435	199.105
Blundell	54	1'31"694	198.543
Brundle	9	1'31"881	198.139
Hakkinen	17	1'31"901	198.096
Boullion	58	1'32"588	196.626
Frentzen	27	1'33"012	195.730
Salo	41	1'33"081	195.584
Katayama	20	1'33"242	195.247
Badoer	31	1'33"631	194.436
Martini	53	1'33"774	194.139
Papis	21	1'34"633	192.377
Inoue	15	1'35"021	191.591
Gachot	8	1'36"313	189.021
Montermini	8	1'36"445	188.763
Moreno	4	1'37"734	186.273
Diniz	4	1'37"859	186.035
Irvine	2	1'43"961	175.116

ERGEBNIS

	FAHRER	RENNSTALL	KM/H	ABSTAND
1.	Johnny Herbert	Benetton	195.683	—
2.	Jean Alesi	Ferrari	195.116	16"479
3.	David Coulthard	Williams	194.862	23"888
4.	Olivier Panis	Ligier	192.522	1'33"168
5.	Mark Blundell	McLaren	192.023	1'48"172
6.	Heinz Harald Frentzen	Sauber	191.182	1 runde
7.	Pierluigi Martini	Minardi	189.900	1 runde
8.	Mika Salo	Tyrrell	189.876	1 runde
9.	Cristophe Boullion	Sauber	189.786	1 runde
10.	Luca Badoer	Minardi	189.460	1 runde
11.	Rubens Barrichello	Jordan	193.775	2 runde
12	Bertrand Gachot	Pacific	183.581	3 runde

AUSFÄLLE

FAHRER	RENNSTALL	RUNDE	GRUND
Eddie Irvine	Jordan	2	Elektrik
Pedro Diniz	Forti	13	Getriebe
Taki Inoue	Footwork	16	Dreher
Martin Brundle	Ligier	16	Dreher
Gerhard Berger	Ferrari	20	Reifenverlust
Mika Hakkinen	McLaren	20	Elektrik
Andrea Montermini	Pacific	21	Dreher
Ukyo Katayama	Tyrrell	22	Motor
Massimiliano Papis	Footwork	28	Unfall
Damon Hill	Williams	45	Unfall
Michael Schumacher	Benetton	45	Unfall
Roberto Moreno	Forti	48	Motor

Die erste Startreihe ist wie immer von den beiden großen Rivalen besetzt, doch als erster läuft bei diesem Großer Preis von Grossbritannien ein Engländer ein: der erste F1-Sieg für Johnny Herbert. Die zwei Giganten leiden unter Wiederholungszwang und verhalten sich wie 1994, nur ist es diesmal Hill, der den deutschen Fahrer von Benetton in der 45. Runde rammt. Ein verzweifeltes Unterfangen, wie Hill selbst zugesteht, ein bis zuletzt verzögertes Bremsmanöver, und dann mit blockierten Rädern der Zusammenstoß.

Auf dem 2. Platz, mit kaum mehr als 15 Sekunden Abstand, kommt J. Alesi, der einen Superstart vorlegte und später ein hartnäckiges Duell zuerst mit Schumacher, dann mit Coulthard, den er auf den 3.Rang verweist.

Beim Start, genauer beim Frühstart, werden wieder einmal Panis und Barrichello ertappt und mit den üblichen 10 Sekunden des stop and go bestraft. Hill startet dagegen gut und liegt vor Alesi, der den Benetton von Schumacher in Schach hält.

Die Reihenfolge ändert sich dann bei den Boxen Stops. Hill, Alesi und all die andern stoppen zweimal, der Benetton nur einmal und setzt sich so an die Spitze.

Hill liegt nach dem zweiten Auftanken hinter seinem Rivalen, dem er nun eine große Schlacht liefert, wobei er bei seinen Bremsmanövern und Kurveneinfahrten nicht auf so manchen Tiefschlag verzichtet und mehr als einmal die Grenze des Erlaubten streift. Langsam wird er nervös und setzt zu dem Coup an, den er und Schumacher teuer bezahlen werden.

Um die Führung ringen nun immer noch Williams und Benetton, jetzt aber mit den anderen beiden Piloten, Herbert und Coulthard, die sich an der Spitze durch spektakuläres Überholen ablösen. Da wird wegen Überschreitens der Höchstgeschwindigkeit beim vorherigen Auftanken der Williams von der Rennleitung zum stop and go verdonnert. Nun liegt Herbert vorn, hinter ihm kommt sofort Alesi.

Bei einem Bremsmanöver während des Endspurts kollidieren Barrichello und Blundell. Der Jordan rast auf den McLaren und schießt aus der Bahn, während Blundell den 5.Platz schafft, indem er fast zwei Runden nur auf drei Rädern fährt, ähnlich wie vor Jahren Villeneuve.

KURIOSA – DAMALS UND HEUTE

* Johnny Herbert (31) debütierte 1989 in der F1 beim Großer Preis von Brasilien und verzeichnet insgesamt 71 Rennen. Der einzige Sieg: Silverstone 1995.

* Jim Clark und Alain Prost sind die beiden Piloten, die am häufigsten den Großer Preis von Grossbritannien gewonnen haben, jeweils fünfmal. Jim Clark: 1962, 1963, 1964,1965 und 1967. Alain Prost: 1983, 1985, 1989, 1990 und 1993.

* Beim Rennen 1973 kommt der junge Südafrikaner Jody Scheckter mit seinem McLaren auf der Zielgeraden von der Piste ab. Beim Versuch, dieses Malheur zu korrigieren, passiert ein größeres: die hinter ihm anrasenden Wagen werden in einen Riesenunfall verwickelt. Darunter auch der Brabham von Andrea De Adamich, der schwerverletzt ins Krankenhaus eingeliefert wird.
1979 wird Jody Scheckter dann Formel 1-Weltmeister auf Ferrari.

* Wie in jedem Jahr beginnt um diese Zeit das grosse Tauziehen für die kommende Saison. Alles dreht sich um die Nummer Eins: Bleibt Schumacher bei Benetton? Und was passiert mit Hill: bekommt er von Williams die geforderte Gage oder geht er? Und Villeneuve: Wird er in Europa fahren?

VOR EINEM JAHR

Pole-Position und Sieg Damon Hills in einem Rennen, das mehr an den Boxen als auf der Piste gefahren wird.
Schumacher, der auf Platz 2 startet, wird wegen doppelten Regelverstoßes gegenüber Hill von der Rennleitung mit fünf Strafsekunden belegt. Der deutsche Fahrer beachtet die Aufforderung zum stop and go genausowenig wie danach die schwarze Fahne mit seiner Nummer: er hält nicht. Ein derartiges Verhalten ist in der Geschichte der F1 noch nie dagewesen. Schließlich kommt es zum Kompromiß zwischen Rennleitung und den Managern von Benetton: Schumacher hält, wenn die schwarze Fahne zurückgezogen wird. In der 27. Runde fährt Schumacher zum stop and go für 5 Sekunden.

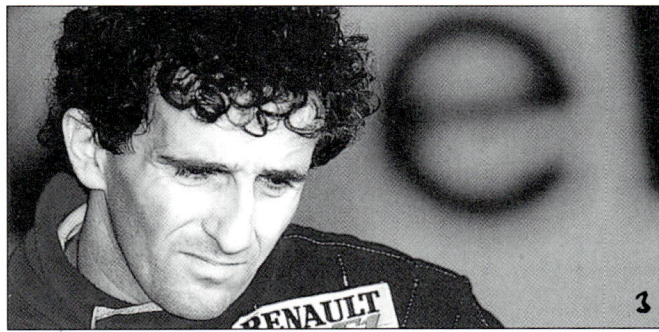

1 Zum zweiten Mal in seiner Karriere ganz oben: Johnny Herbert.

2 Mark Blundell: ins Ziel auf drei Rädern.

3 Alain Prost, fünfmaliger Sieger des Grand Prix von Grossbritannien.

4 Damon Hill auf dem Treppchen (1994) und Lady Diana schaut zu.

GROSSER PREIS VON Deutschland

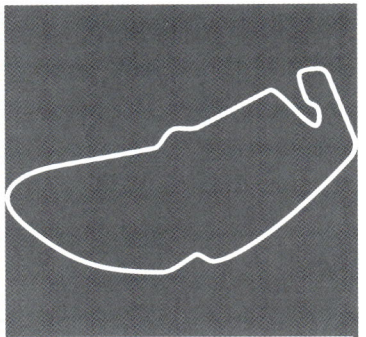

Startaufstellung

Pos	Fahrer	Team	Zeit	(km/h)
1	D. Hill	Williams	1'44"385	(235,307)
2	M. Schumacher	Benetton	1'44"465	(235,127)
3	D. Coulthard	Williams	1'44"540	(234,958)
4	G. Berger	Ferrari	1'45"553	(232,703)
5	R. Barrichello	Jordan	1'45"765	(232,237)
6	E. Irvine	Jordan	1'45"846	(232,059)
7	M. Hakkinen	McLaren	1'45"849	(232,053)
8	M. Blundell	McLaren	1'46"221	(231,240)
9	J. Herbert	Benetton	1'46"315	(231,036)
10	J. Alesi	Ferrari	1'46"356	(230,947)
11	H.H. Frentzen	Sauber	1'46"801	(229,984)
12	O. Panis	Ligier	1'47"372	(228,761)
13	M. Salo	Tyrrell	1'47"507	(228,474)
14	C. Boullion	Sauber	1'47"636	(228,200)
15	M. Papis	Footwork	1'48"093	(227,235)
16	L. Badoer	Minardi	1'49"302	(224,722)
17	U. Katayama	Tyrrell	1'49"402	(224,516)
18	A. Suzuki	Ligier	1'49"716	(223,874)
19	T. Inoue	Footwork	1'49"892	(223,515)
20	P. Martini	Minardi	1'49"990	(223,316)
21	P. Diniz	Forti	1'52"961	(217,443)
22	R. Moreno	Forti	1'53"405	(216,591)
23	A. Montermini	Pacific	1'53"492	(216,425)
24	G. Lavaggi	Pacific	1'54"625	(214,286)

30. Juli 1995. **Rennstrecke:** Hockenheim. **Distanz:** 307 km. **Organisation:** Ons. **Rennleiter:** John Corsmith. **Zuschauer:** 128.000. **Wetterlage:** Freitag wechselhaft und regnerisch; Samstag/Sonntag heiter.

SCHNELLSTE RUNDE

Fahrer	Runde	Zeit	km/h
Schumacher	22	1'48"824	225.709
Coulthard	8	1'49"787	223.729
Hakkinen	14	1'49"900	223.499
Berger	20	1'49"926	223.446
Barrichello	12	1'49"982	223.332
Hill	1	1'49"989	223.318
Irvine	30	1'50"646	221.992
Alesi	10	1'50"672	221.940
Panis	7	1'50"690	221.904
Blundell	9	1'50"882	221.520
Herbert	25	1'50"929	221.426
Frentzen	14	1'51"426	220.438
Suzuki	25	1'51"760	219.779
Boullion	20	1'52"033	219.244
Katayama	25	1'52"791	217.770
Badoer	12	1'53"522	216.368
Martini	11	1'54"248	214.993
Montermini	23	1'54"341	214.818
Inoue	7	1'55"047	213.500
Moreno	6	1'56"469	210.893
Lavaggi	8	1'58"894	206.592
Diniz	2	2'02"176	201.042

ERGEBNIS

	FAHRER	RENNSTALL	KM/H	ABSTAND
1.	Michael Schumacher	Benetton	222.130	—
2.	David Coulthard	Williams	221.863	5"988
3.	Gerhard Berger	Ferrari	219.131	1'08"097
4.	Johnny Herbert	Benetton	218.466	1'23"436
5.	Cristophe Boullion	Sauber	216.212	1 runde
6.	Aguri Suzuki	Ligier	213.782	1 runde
7.	Ukyo Katayama	Tyrrell	213.010	1 runde
8.	Andrea Montermini	Pacific	203.154	3 runde
9.	Eddie Irvine	Jordan	215.726	4 runde

AUSFÄLLE

FAHRER	RENNSTALL	RUNDE	GRUND
Massimiliano Papis	Footwork	0	Getriebe
Mika Salo	Tyrrell	0	Unfall
Damon Hill	Williams	1	Verlassen der Piste
Pedro Diniz	Forti	8	Bremsen
Taki Inoue	Footwork	9	Getriebe
Pierluigi Martini	Minardi	11	Motor
Jean Alesi	Ferrari	12	Motor
Olivier Panis	Ligier	13	Motor
Mark Blundell	McLaren	17	Motor
Rubens Barrichello	Jordan	20	Motor
Roberto Moreno	Forti	27	Antriebsachse
Giovanni Lavaggi	Pacific	27	Getriebe
Luca Badoer	Minardi	28	Getriebe
Heinz Harald Frentzen	Sauber	32	Motor
Mika Hakkinen	McLaren	33	Motor

Damon Hill versucht alles, um die Schumacher-Fans auf dem Heimring zu enttäuschen, indem er sich zunächst die *Pole-Position* erkämpft und dann wie der Blitz startet. Doch das ist ein kurzes Glück, denn schon in der 1. Runde kommt der Williams von der Piste ab und Schumis unaufhaltsame Siegesfahrt kann beginnen. Berger hat Startpech: ihm wird eine Strafzeit von 10 Sekunden stop and go auferlegt. Dann jagt er wie eine Furie von den Boxen los und kauft sich Wagen um Wagen. Zur Krönung des Tages hat er sich vom 14. auf den 3. Platz vorgearbeitet, eine Leistung, wie man sie schon lange nicht mehr von Ferraris Österreicher gesehen hatte.
Der andere Ferrari von Alesi hat dagegen Motorprobleme und muss nach einem nutzlosen Aufenthalt an den Boxen in der 12. Runde aufgeben.
Schumacher stoppt schon in der 19.Runde und es wird klar, daß die Taktik des Benetton-Teams zwei Boxen Stops einkalkuliert hat statt eines einzigen wie bei den anderen. Wieder einmal schwimmt man gegen den Strom und beweist damit, daß das die optimale Entscheidung ist. Coulthard übernimmt zwar erst einmal die Spitze, als er aber zu seinem Boxen Stop an die Boxen muss, dauert das Auftanken wegen der grösseren Benzinmenge natürlich unverhältnismäßig länger. Nun ist Schumi wieder vorn und gewinnt mit seinem leichteren Wagen Runde um Runde wertvolle Sekunden. Beim 2. Auftanken hat er schon 30 Sekunden Vorsprung.
Ein kurzer 7-Sekunden-Boxen Stop und weiter geht's bis zum glorreichen Ende vor eigenen Publikum. Zweiter wird David Coulthard, Dritter Gerhard Berger.
Ein gutes Rennen für den Sauber mit Boullion am Steuer, der eine Runde hinter Schumacher immerhin Fünfter wird.

1 Michael Schumacher unter seinen Fans.

2 Graham Hill auf dem alten Nürburgring.

3 Giovanni Lavaggi (37), Debütant.

4 Der dramatische Zwischenfall am Start 1994.

KURIOSA – DAMALS UND HEUTE

* Der Nürburging, Monza, Le Mans, Monte Carlo sind Namen, die jeder für sich allein den Automobilsport schlechthin symbolisieren. Insbesondere gilt das für Deutschlands alten Ring, der wegen seiner Länge und seinen Schwierigkeiten als der F1-Ring par excellence im Gedächtnis bleiben wird. Wer erinnert sich an Fotos von Graham Hill, wenn er praktisch mit übereinandergekreuzten Armen die Hochkurve nimmt oder seine "Sprünge" vollführt.
Heute wird der GP von Deutschland am Hockenheim gefahren, ein ganz anderer Ring, viel kürzer, ohne den Wald des "Nür", viel monotoner, aber auch der Show und der heutigen Formel 1 insgesamt wesentlich gemäßer.
* Der Grand Prix von Deutschland ist für Ferrari seit jeher Schauplatz grosser Leistungen, aber auch schrecklicher Momente gewesen. Hier soll nur erinnert werden: 1951 und 1952 siegt Ascari, 1953 Farina, 1956 Fangio, 1963 und 1964 Surtees. Niki Lauda gewinnt 1977, nachdem er im Vorjahr beim Brand seines Wagens das Leben riskierte, was nur durch den aussergewöhnlichen Einsatz des italienischen Piloten Arturio Merzario verhindert wurde. Auch der große Senna triumphierte in Deutschland und das dreimal: 1988, 1989 und 1990.
* Giovanni Lavaggi (37) debütiert in der Formel 1 auf Pacific als Ersatzmann für Bertrand Gachot. Nach den Trainingsläufen liegt er hinten, mit zehn Sekunden Abstand auf Hill. Beim Rennen selbst schlägt er sich gut, jedenfalls bis zu seinem Getriebeschaden.
* Große Freude bei Renault. Mit Hockenheim sind es neun **Pole-Positions**, die Wagen mit der französischen 10-Zylinder-Maschine erobern konnten - von Monte Carlo bis zum superschnellen Hockenheimring, wo auf der Geraden mehr als 330 km/h erzielt wurden. Die Höchstgeschwindigkeit hat aber - um die Wahrheit zu sagen - Blundells McLaren mit seinem 10 Zylinder-Mercedes gefahren: 334 km/h.

VOR EINEM JAHR

Berger auf Ferrari siegt zum ersten und einzigen Mal in der 94er Meisterschaft, gefolgt von den beiden Ligier mit Panis und Bernard, die auf diese Weise den neuen Team-Manager der französischen Mannschaft feiern: Cesare Fiorio.
Dieser Großer Preis von 1994 wird wegen des unglaublichen Unfalls in die Annalen eingehen, der von De Cesaris auf seinem Sauber unabsichtlich verursacht wurde: elf Wagen werden zerstört oder aus der Bahn geworfen. Den Fahrern passiert nichts.
In der 15. Runde aber kommt es beinahe zur Tragödie, als Jos Verstappens Benetton an den Boxen beim Auftanken Feuer fängt. Zum Glück kommt der junge Holländer mit leichten Verbrennungen davon.

GROSSER PREIS VON Ungarn

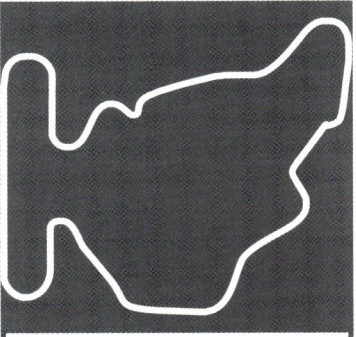

1	D. Hill — Williams	1'16"982 (185,560)		D. Coulthard — Williams	1'17"366 (184,639)
2	M. Schumacher — Benetton	1'17"558 (184,182)		G. Berger — Ferrari	1'18"059 (183,000)
3	M. Hakkinen — McLaren	1'18"363 (182,290)		J. Alesi — Ferrari	1'18"968 (180,894)
4	E. Irvine — Jordan	1'19"499 (179,685)		M. Brundle — Ligier	1'19"748 (178,124)
5	J. Herbert — Benetton	1'20"072 (178,399)		O. Panis — Ligier	1'20"160 (178,204)
6	H.H. Frentzen — Sauber	1'20"413 (177,643)		L. Badoer — Minardi	1'20"543 (177,356)
7	M. Blundell — McLaren	1'20"640 (177,143)		R. Barrichello — Jordan	1'20"902 (176,569)
8	P. Lamy — Minardi	1'21"156 (176,017)		M. Salo — Tyrrell	1'21"624 (175,007)
9	U. Katayama — Tyrrell	1'21"702 (174,840)		T. Inoue — Footwork	1'22"081 (174,033)
10	C. Boullion — Sauber	1'22"161 (173,864)		M. Papis — Footwork	1'23"275 (171,538)
11	R. Moreno — Forti	1'24"351 (169,350)		A. Montermini — Pacific	1'24"371 (169,309)
12	P. Diniz — Forti	1'24"695 (168,662)		G. Lavaggi — Pacific	1'26"570 (165,009)

13. August 1995. **Rennstrecke:** Hungaroring. **Distanz:** 305 km. **Organisation:** Hungaroring Sport Corp. **Rennleiter:** John Corsmith. **Zuschauer:** 100.000. **Wetterlage:** sonnig und warm.

SCHNELLSTE RUNDE

Fahrer	Runde	Zeit	km/h
Hill	34	1'20"247	178.010
Schumacher	22	1'20"506	177.438
Coulthard	58	1'21"126	176.082
Panis	40	1'21"343	175.612
Berger	38	1'21"371	175.551
Brundle	40	1'21"977	174.254
Irvine	49	1'22"211	173.758
Blundell	27	1'22"235	173.707
Alesi	25	1'22"276	173.620
Herbert	6	1'22"560	173.023
Montermini	70	1'22"663	172.808
Barrichello	27	1'22"677	172.778
Hakkinen	3	1'22"720	172.689
Frentzen	69	1'23"146	171.804
Boullion	53	1'23"424	171.231
Salo	27	1'23"556	170.961
Badoer	51	1'23"608	170.854
Katayama	25	1'23"994	170.069
Lamy	16	1'24"269	169.514
Inoue	9	1'24"804	168.445
Papis	8	1'25"730	166.625
Moreno	6	1'26"556	165.035
Diniz	6	1'26"913	164.357
Lavaggi	3	1'27"894	162.523

ERGEBNIS

	FAHRER	RENNSTALL	KM/H	ABSTAND
1.	Damon Hill	Williams	172.248	---
2.	David Coulthard	Williams	171.352	33"398
3.	Gerhard Berger	Ferrari	168.360	1 runde
4.	Johnny Herbert	Benetton	168.354	1 runde
5.	Heinz Harald Frentzen	Sauber	168.347	1 runde
6.	Olivier Panis	Ligier	168.329	1 runde
7.	Rubens Barrichello	Jordan	168.183	1 runde
8.	Luca Badoer	Minardi	165.662	2 runde
9.	Pedro Lamy	Minardi	164.970	3 runde
10.	Cristophe Boullion	Sauber	164.565	3 runde
11.	Michael Schumacher	Benetton	172.320	4 runde
12.	Andrea Montermini	Pacific	161.187	4 runde
13	Eddie Irvine	Jordan	166.709	7 runde

AUSFÄLLE

FAHRER	RENNSTALL	RUNDE	GRUND
Mika Hakkinen	McLaren	3	Motor
Giovanni Lavaggi	Pacific	5	Verlassen der Piste
Roberto Moreno	Forti	8	Motor
Taki Inoue	Footwork	13	Getriebe
Pedro Diniz	Forti	32	Motor
Jean Alesi	Ferrari	42	Motor
Massimiliano Papis	Footwork	45	Bremsen
Ukyo Katayama	Tyrrell	46	Dreher
Mark Blundell	McLaren	54	Benzindruck
Mika Salo	Tyrrell	58	Motor
Martin Brundle	Ligier	67	Motor

Endlich kann Damon Hill nicht nur in die *Pole-Position* ergattern sondern auch auf's oberste Treppchen. Sein Stallgefährte Coulthard bestätigt im Ziel seine Startposition 2. Berger wird Dritter.
Diesmal sind es gerade die Boxen Stops, die Schumacher das Leben schwer machen, so wenn beim ersten Auftanken die Pumpe Funktionsstörungen zeigt, er weiterfahren und es ein paar Runden wieder versuchen muß. Wieder sind 20 Sekunden verloren.
Bei Hill dagegen klappt alles wie am Schnürchen. Alesi jedoch muß nach einem sehr schönen Rennen, das ihn auf Platz 4 gebracht hatte, in der 42. Runde wegen Motorschadens aufgeben. Unglück hat auch Barrichello, der sich aus der 14. Startposition auf den 3. Platz vorgekämpft hatte und am Ende der letzten Runde praktisch ohne Motor weitermachen muß und so in der Zielgeraden von vier Piloten überholt wird: von Berger (3.), Herbert (4.), Frentzen (5.) und Panis (6.).
Eine gute Leistung erbringen die beiden Minardi mit Badoer und Lamy auf dem 8. bzw. 9. Rang. Ansonsten bleibt das Rennen recht langweilig, was an dem ungarischen Ring liegt, der nur wenig Möglichkeiten für Überholmanöver bietet und kaum Geraden aufweist, wo die Motoren ihre ganze Kraft ins Spiel bringen können.
Bei einem kaum spannungsgeladenen Grosser Preis richtet sich die ganze Aufmerksamkeit auf den Pilotenmarkt. Da Schumacher schon bei Ferrari in festen Händen ist, Alesi bei Benetton, Hill und Villeneuve bei Williams, richtet sich das Interesse nun auf den zweiten Piloten. Hier wird nun folgendes problematisch: die wenigen großen Namen, die noch disponibel sind, wollen nicht die Zweiten machen, während die anderen notwendigerweise die Mannschaftsaufstellung der Top - Teams für 96 abwarten müssen, um zu wissen, wo sie unterkommen können.

1 Rubens Barrichello verliert auf den letzten Metern seinen 3. Platz.

2 Aus dem Rennen: Agip steigt aus der F1 aus.

3 Der Unfall von Taki Inoue.

4 Die Piloten von Benetton 1994.

KURIOSA - DAMALS UND HEUTE

* 1996 wird nach vielen Jahren wieder das Logo von Shell, die berühmte Muschel, die Wagen aus Maranello zieren. Zu den Zeiten Enzo Ferraris war ja Shell der technische Partner seines Stalls, der dann in der letzten Zeit von der italienischen AGIP abgelöst wurde, die aber nicht bereit ist, in der kommenden Saison ein durch Schumachers Einstieg verdoppeltes Budget zu tragen.
* Jacques Villeneuve hat von einer Meisterschaftspause der amerikanischen INDY CAR profitiert, um heimlich nach Europa zu fliegen und in Silverstone den Williams-F1 zu testen. Obwohl aus Zeitgründen kein auf ihn zugeschnittener Sitz fertiggestellt werden konnte, obwohl er nicht das jüngste Modell ausprobieren konnte, obwohl die Differenzen zur Indyklasse hinsichtlich Kraft, Bremsen und vor allem der Getriebeelektronik beachtlich sind, ist Villeneuve eine optimale Zeit gefahren, ohne irgendeinen Fehler zu machen. Ein Beweis großer Anpassungsfähigkeit und vor allem von Klasse.
* Taki Inoue, der japanische Pilot von Footwork, hat nicht dudurch soviel riskiert, daß sein Wagen Feuer fing, sondern vor allem, daß er vom Servicewagen, der ihm zu Hilfe kam, angefahren wurde.
* Spitzengespräch der Teams mit Bernie Ecclestone, um über die nächste Saison zu diskutieren, besonders über den Vorschlag Max Moseleys, der die offiziellen Trainingsläufe auf den Samstag konzentrieren will (zweimal je dreißig Minuten unterbrochen von einer 15minütigen Pause). Am Freitag dagegen freies Proben.
Auch über Sicherheitsmaßnahmen für die nächste Saison ist gesprochen worden, insbesondere über die Erweiterung der Pilotenkabine, um den Fahrern im Unglücksfall ein leichteres Aussteigen zu gestatten.
Lange Gesichter gab es dagegen wegen des Vorschlags, einen dritten Wagen zuzulassen. Die Teams zeigten sich besorgt, da ein dritter Wagen auch eine dritte Mannschaft von Technikern und Mechanikern verlangt sowie einen dritten Piloten. Eine nicht zu unterschätzende Kostenfrage - auch für die grossen Ställe - in einer ohnehin schwierigen Situation.

VOR EINEM JAHR

Auch vor einem Jahr war nicht viel los auf dem Budapester Ring. Pole-position und Platz 1 für Schumacher, 2. Platz am Start und im Ziel für Hill. Einzige Überraschung ist Jos Verstappen, der 2. Pilot von Benetton, der mit seinem 3. Rang überhaupt zum ersten Mal auf's Podest steigt. Beim Rennen davor, beim GP von Deutschland hatte Verstappen bei einem Brand an den Boxen sein Leben riskiert.
Den Beweis für die Überlegenheit Schumachers legt die Tatsache ab, daß sein Benetton mit Ausnahme des Williams von Hill alle Wagen überrundet hat.

GROSSER PREIS VON Belgien

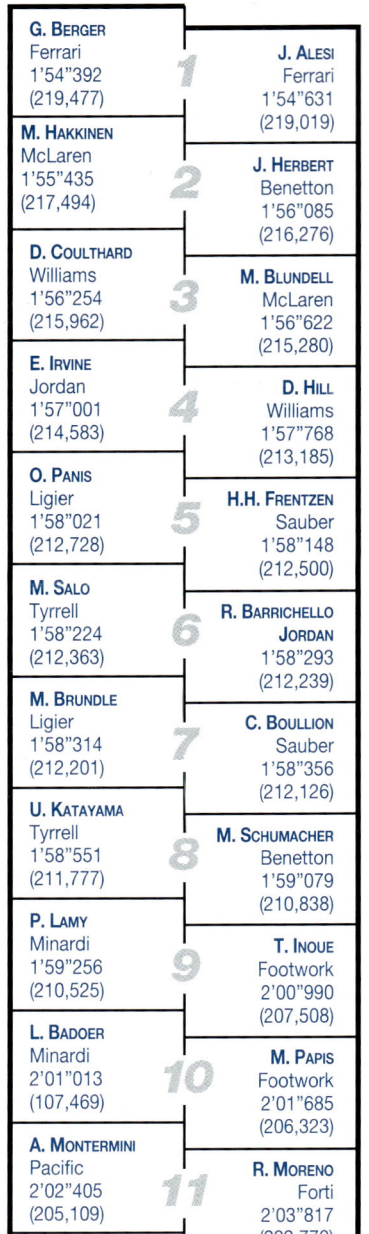

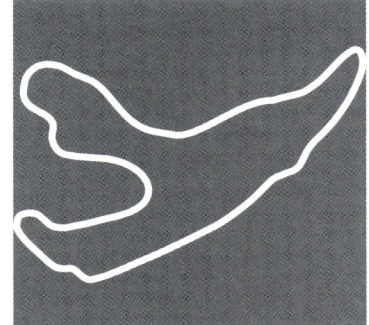

27. August 1995. **Rennstrecke:** Spa-Francorchamps. **Distanz:** 306 km. **Organisation:** R.A.C.B. **Rennleiter:** John Corsmith. **Zuschauer:** 100.000. **Wetterlage:** Freitag regnerisch; Samstag/Sonntag wechselhaft mit Schauern.

SCHNELLSTE RUNDE

Fahrer	Runde	Zeit	km/h
Coulthard	11	1'53"412	221.373
Schumacher	17	1'53"613	220.982
Hill	14	1'54"473	219.322
Berger	18	1'55"462	217.443
Irvine	14	1'55"561	217.257
Herbert	16	1'55"630	217.127
Blundell	15	1'55"972	216.487
Frentzen	18	1'56"261	215.949
Brundle	15	1'56"502	215.502
Panis	16	1'56"696	215.144
Alesi	3	1'56"853	214.855
Barrichello	11	1'56"967	214.645
Katayama	18	1'57"229	214.165
Salo	17	1'57"420	213.817
Papis	17	1'57"866	213.008
Boullion	15	1'57"927	212.898
Lamy	17	1'58"312	212.205
Badoer	14	1'58"395	212.056
Inoue	15	1'59"331	210.393
Montermini	16	2'00"136	208.983
Diniz	17	2'02"546	204.873
Moreno	15	2'02"603	204.778
Lavaggi	15	2'04"196	202.151
Hakkinen	1	2'07"082	197.561

ERGEBNIS

	FAHRER	RENNSTALL	KM/H	ABSTAND
1.	Michael Schumacher	Benetton	190.204	———
2.	Damon Hill	Williams	189.568	19.493
3.	Martin Brundle	Ligier	189.389	24.998
4.	Heinz Harald Frentzen	Sauber	189.325	26.972
5.	Mark Blundell	McLaren	189.104	33.772
6.	Rubens Barrichello	Jordan	188.914	39.674
7.	Johnny Herbert	Benetton	188.450	54.048
8.	Mika Salo	Tyrrell	188.434	54.548
9.	Olivier Panis	Ligier	188.061	1'06.170
10.	Pedro Lamy	Minardi	187.626	1'19.789
11.	Cristophe Boullion	Sauber	185.574	1 runde
12.	Taki Inoue	Footwork	182.326	1 runde
13.	Pedro Diniz	Forti	180.452	2 runde
14.	Roberto Moreno	Forti	178.767	2 runde

AUSFÄLLE

FAHRER	RENNSTALL	RUNDE	GRUND
Mika Hakkinen	McLaren	1	Dreher
Jean Alesi	Ferrari	4	Aufhängung
David Coulthard	Williams	13	Getriebe
Andrea Montermini	Pacific	18	Benzindruck
Massimiliano Papis	Footwork	20	Dreher
Eddie Irvine	Jordan	21	Brand
Gerhard Berger	Ferrari	22	Elektronik
Luca Badoer	Minardi	23	Verlassen der Piste
Giovanni Lavaggi	Pacific	27	Getriebe
Ukyo Katayama	Tyrrell	28	Verlassen der Piste

Wenn nicht Ecclestone Bewegung in die F1-Show bringt, so tut es das Wetter. Und so hat der dauernde Wechsel von heiterem zu regnerischem Himmel über dem Ring von Spa-Francorchamps Trainingsläufe wie das Rennen selbst geradezu revolutioniert. In der ersten Reihe die beiden Ferrari dank der Geschicklichkeit der Piloten und einer Prise Glück, da sie just in der Runde vor dem Wolkenbruch starten konnten. Hill kommt bei den Proben nicht über den 10., Schumacher gar über den 16. Rang nicht hinaus, so daß sich Katayama auf Tyrrell ganz überrascht Seite an Seite mit dem Benetton findet. Wer weiß, wer von den beiden sich mehr über seinen Kollegen in der Reihe gewundert hat.

Während des Rennens ist es dann aber nur das Wetter, das sich ebenso wie bei den Proben mal von der guten, mal von der schlechten Seite zeigt. Unter den Piloten ist die Situation aber alles andere als gleich: Schumacher hat zwar von Position 16 aus starten müssen, im Ziel ist er dann aber wieder der erste, nach einer Aufholjagd, die jede Vorstellung übersteigt. Natürlich springt, wenn einer Ausserordentliches leistet, ihm auch das Glück zur Seite. Während Schumacher Runde um Runde aufholt, fallen Alesi (4. Runde), Coulthard (13. Runde) und Berger (23. Runde) aus und erleichtern ihrem Rivalen das Unterfangen. Hill dagegen macht sein Rennen mehr an den Boxen als auf der Piste: viermal muß er Reifen wechseln, und dann noch ein stop and go wegen zu schnellen Fahrens - an den Boxen.

Dennoch konnte man einigen spannenden Duellen und wiederholten Überholmanövern beiwohnen: zuerst zwischen Alesi und Herbert, dann zwischen Berger und Coulthard und schließlich zwischen den beiden Spitzenreitern Schumacher und Hill. Ihr Zweikampf war dann besonders aufregend, weil Schumacher im Regen mit Slick-Reifen Hills Williams hinter sich hielt, der mit Profilreifen fuhr, blitzschnell den Fuß vom Gas nahm, in der Kurve neben ihm fuhr, bis er in der Kurve von Les Combes nachgeben musste, weil er von der Piste zu rutschen drohte, das aber abfangen konnte. Michael wird dann wieder die Führung übernehmen, wenn Hill zum wiederholten Mal zum Reifenwechsel an die Boxen fährt. Zum Schluss noch die Farce mit dem Safety-car, der - warum weiß niemand so recht (die offizielle Erklärung verweist auf den starken Regen) - auf die Piste fährt und dem ganzen Feld ermöglicht, zu Schumacher aufzuschliessen. Dann kommt der stop and go für Hill, der ihn erneut gegenüber dem Benetton zurückwirft und auch zwingt, Brundle ein- und in der letzten Runde schliesslich zu überholen, um schweisstriefend auf den 2. Platz zu kommen.

Ein sehr gutes Rennen fährt Frentzen, der als 4. ins Ziel kommt, nachdem er im Duell mit Blundell diesen bilderbuchmässig austrickst und überholt.

KURIOSA - DAMALS UND HEUTE

* *Jacques Villeneuve ist INDY CAR-Meister 1995 und mit seinen 24 Jahren der jüngste Pilot überhaupt, der sich den Titel holt, den er sich mathematisch bereits auf der Strecke von Loudon, im 15. Meisterschaftsrennen, erfahren konnte, wo er in atemberaubender Fahrt 11 Plätze gutmachte und Vierter wurde. Sieger wurde Ribeiro auf Reunard-Honda. Für Honda war das der erste Sieg in der INDY-Meisterschaft überhaupt.*
Froh Villeneuve, noch froher Frank Williams, der bescheinigt bekommen hat, für die F1-Saison 96 nicht nur einen großen, bewunderten Namen, sondern auch einen großen Fahrer verpflichtet zu haben.
* *Der superschnelle Ring von Spa war immer Schauplatz großer Rennen gewesen und hat eben wegen seiner Schnelligkeit die größten Champions hier siegen sehen. Jim Clark hat zwischen 1962 und 1965 viermal hintereinander gewonnen, Ayrton Senna sogar fünfmal, davon viermal hintereinander (1988-1991).*
* *Der Grosser Preis von Belgien ist in seiner Geschichte auf drei verschiedenen Strecken ausgetragen worden. Von 1925 bis 1969 auf dem schrecklichen, weil überschnellen Ring von Spa, weshalb dann der Grosser Preis verlegt wurde zuerst nach Nivelles (bis 1972), dann nach Zolder (bis 1982). Und genau in Zolder starb 1982 während eines Trainingslaufs Gilles Villeneuve.*
1983 ist der Grosser Preis nach Spa zurückgekehrt, die Strecke ist nun kürzer, langsamer, ungefährlicher.
* *In Spa hat sich das Drama wiederholt, dessen Hauptfigur 1994 in Hockenheim Jos Verstappen gewesen war: Feuer an den Boxen. Diesmal war Irvine in der 21. Runde in Gefahr. Dank des schnellen Eingreifens der Mannschaften konnte aber das Schlimmste verhindert werden. Der Pilot, der Mühe hatte, die Fahrerkabine zu verlassen, blieb unversehrt.*

VOR EINEM JAHR

Die *Pole-Position* geht an R. Barrichello. Es ist die erste in seiner Karriere, und er ist der jüngste Fahrer in der Geschichte der F1, der das schafft.
Im Rennen hat Schumacher die Nase vorn, aber das Bodenholz - obligatorisch seit 94 - erweist sich beim Test als allzu verbraucht, disqualifiziert Schumacher und macht Hill zum Sieger, gefolgt von Hakkinen und vom jungen Jos Verstappen, der zum zweiten Mal in seiner F1-Karriere auf dem Podest steht.

1 Und wieder ein grosses Rennen von Michael Schumacher: vom 16. auf den 1.Platz.

2 Jean Alesi muss ausscheiden.

3 1991: Ayrton Senna feiert den Sieg mit Gerhard Berger.

4 Jos Verstappen in Fahrt (1994).

GROSSER PREIS VON Italien

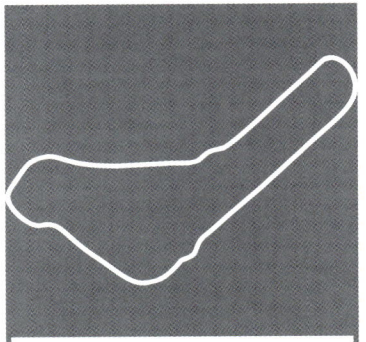

Startaufstellung

1 D. Coulthard, Williams, 1'24"462 (245,933)		**M. Schumacher**, Benetton, 1'25"026 (244,302)
2 G. Berger, Ferrari, 1'25"353 (243,366)		**D. Hill**, Williams, 1'25"699 (242,383)
3 J. Alesi, Ferrari, 1'25"707 (242,361)		**R. Barrichello**, Jordan, 1'25"919 (241,763)
4 M. Hakkinen, McLaren, 1'25"920 (241,760)		**J. Herbert**, Benetton, 1'26"433 (240,325)
5 M. Blundell, McLaren, 1'26"472 (240,216)		**H.H. Frentzen**, Sauber, 1'26"541 (240,025)
6 M. Brundle, Ligier, 1'27"067 (238,575)		**E. Irvine**, Jordan, 1'27"271 (238,017)
7 O. Panis, Ligier, 1'27"384 (237,709)		**C. Boullion**, Sauber, 1'28"741 (234,074)
8 M. Papis, Footwork, 1'28"870 (233,735)		**M. Salo**, Tyrrell, 1'29"028 (233,320)
9 U. Katayama, Tyrrell, 1'29"287 (232,643)		**L. Badoer**, Minardi, 1'29"559 (231,936)
10 P. Lamy, Minardi, 1'29"936 (230,964)		**T. Inoue**, Footwork, 1'30"515 (229,487)
11 A. Montermini, Pacific, 1'30"721 (228,966)		**R. Moreno**, Forti, 1'30"834 (228,681)
12 P. Diniz, Forti, 1'32"102 (225,533)		**G. Lavaggi**, Pacific, 1'32"470 (224,635)
13		

10. September 1995. **Rennstrecke:** Monza. **Distanz:** 305 km. **Organisation:** Sias. **Rennleiter:** John Corsmith. **Zuschauer:** 80.000. **Wetterlage:** durchweg sonnig und warm.

SCHNELLSTE RUNDE

Fahrer	Runde	Zeit	km/h
Berger	24	1'26"419	240.364
Herbert	28	1'26"481	240.191
Blundell	51	1'26"784	239.353
Alesi	21	1'26"818	239.259
Hakkinen	26	1'26"869	239.119
Hill	19	1'26"936	238.934
Coulthard	11	1'26"936	238.934
Schumacher	21	1'26"969	238.844
Barrichello	26	1'26"970	238.841
Frentzen	22	1'27"138	238.380
Irvine	23	1'27"472	237.470
Panis	20	1'28"710	234.156
Salo	26	1'28"795	233.932
Katayama	41	1'28"909	233.632
Boullion	49	1'28"976	233.456
Badoer	19	1'29"175	232.935
Papis	22	1'29"402	232.344
Brundle	7	1'29"424	232.287
Inoue	49	1'29"426	232.281
Diniz	17	1'31"563	226.860
Lavaggi	4	1'33"023	223.300

ERGEBNIS

	FAHRER	RENNSTALL	KM/H	ABSTAND
1.	Johnny Herbert	Benetton	233.844	—
2.	Mika Hakkinen	McLaren	232.964	17"779
3.	Heinz H. Frentzen	Sauber	232.642	24"321
4.	Mark Blundell	McLaren	232.450	28"223
5.	Mika Salo	Tyrrell	226.789	1 runde
6.	Cristophe Boullion	Sauber	226.480	1 runde
7.	Massimiliano Papis	Footwork	226.437	1 runde
8.	Taki Inoue	Footwork	226.318	1 runde
9.	Pedro Diniz	Forti	219.838	3 runde
10.	Ukyo Katayama	Tyrrell	205.956	6 runde

AUSFÄLLE

FAHRER	RENNSTALL	RUNDE	GRUND
Pedro Lamy	Minardi	1	Differential
Giovanni Lavaggi	Pacific	6	Dreher
Martin Brundle	Ligier	10	Reifen
David Coulthard	Williams	13	Dreher
Olivier Panis	Ligier	20	Dreher
Damon Hill	Williams	23	Unfall
Michael Schumacher	Benetton	23	Unfall
Luca Badoer	Minardi	26	Unfall
Gerhard Berger	Ferrari	32	Unfall
Eddie Irvine	Jordan	40	Motor
Rubens Barrichello	Jordan	43	Hydraulik
Jean Alesi	Ferrari	45	Reifen

David Coulthard, der in Zukunft bei McLaren fährt, hat in Monza ohne Zweifel einen unauslöschlichen Eindruck hinterlassen. Freitag und Samstag standen im Zeichen seiner Leistung, die ihm die *Pole-Position* eintrug. Im Rennen dann führt er sich wie ein Dilettant auf, als er sich während der Testrunde dreht und aus der Piste ausbricht.

Das Rennen sieht dann zwei fantastische Ferrari, die einen leichten Durchmarsch vorzuhaben scheinen, wobei sie von einem weiteren Unfall des Gespanns Schumacher/Hill profitieren, der die beiden in der Serpentine aus der Bahn wirft. Hill kollidierte mit dem Benetton, stößt ihn von der Piste in den Sand.

Dann spielen die zwei roten Ferrari sich selbst und ihren Fans einen tollen Streich. Berger muß aufgeben, weil seine Federung defekt ist, die von einer herumfliegenden TV-Kamera getroffen wurde, die sich von einem anderen Wagen losgemacht hatte - von Alesis Ferrari.

Alesi dann muß sieben Runden (das heisst knapp zehn Minuten) vor Schluss kapitulieren, als er mit seinen 10-Sekunden-Vorsprung vor Herbert sicher das Kommando innehat. Irgendein Schaden am Hinterrad, wohl an der Nabe oder am Lager.

Also gewinnt Herbert vor Hakkinen (17 Sek. Abstand) und Frentzen, dem guten Piloten von Sauber. Nicht schlecht die Leistung des italienischen Fahrers von Footwork, Papis, der 7. wird. Nachzutragen bleibt, daß der Start wiederholt werden mußte wegen eines Unfalls in der ersten Runde, der durch den Sand, den Coulthards Wagen beim Verlassen der Piste aufgewirbelt hatte, verursacht wurde und in den - in der Ascari-Kurve - fünf Wagen verwickelt wurden.

Auch 1994 mußte der Start wiederholt werden, da aber wegen des schon traditionellen Abbremsunfalls eingangs der Serpentine.

1 Johnny Herbert, der Überraschungssieger beim GP von Monza 1995.

2 Die berüchtigte TV-Kamera auf dem Wagen von Alesi.

3 Nelson Piquet 1987 in Monza.

4 Gerhard Berger, der Unglücksrabe.

KURIOSA - DAMALS UND HEUTE

* Mit seinen Siegen 1993 und 1994 hat Damon Hill seinen Vater hinter sich gelassen, der nur einmal - 1962 auf BRM - gewann. Rekordsieger von Monza sind: Nelson Piquet mit 4 Siegen (1980 - 1983 - 1986 - 1987), J.M.Fangio mit 3 (1953 - 1954 - 1955), wie auch Stirling Moss (1956 - 1957 -1959) und Ronnie Peterson (1973 1974 - 1976).

* In Monza haben folgende Wagen gewonnen: Ferrai zehnmal, McLaren sechsmal, Williams und Lotus je fünfmal, Brabham und BRM je dreimal, Renault, Maserati, Mercedes und Vanwall je zweimal, Alfa Romeo (Sieg mit Farina beim 1.GP von Italien 1950), Copper Climax, Honda, Matra und March je einmal.

* Der Finne Mika Hakkinen auf McLaren steht in Monza zum fünften Mal auf dem Podest.

* Das Ausscheiden G. Bergers wurde durch eine Defekt der Federung verursacht, der seinerseits durch die TV-Kamera vom Wagen Alesis herbeigeführt wurde. Ein böser Zwischenfall, der bei 300 km/h - hätte die kleine Kamera Berger am Kopf getroffen - den Tod des Piloten herbeigeführt hätte.

VOR EINEM JAHR

Monza scheint den Ferrari-Piloten Berger und Alesi nicht viel Glück zu bringen. Schon 1994 hatten die beiden bei den Proben begeistert, Alesi mit seiner *Pole-Position* und Berger mit der 2. Position. Und später auch am Beginn des Rennens. Dann aber muss Alesi in der 15. Runde zum Boxen Stop und kommt wegen eines Defekts an der Transmission nicht mehr von den Boxen weg. Ebenfalls an den Boxen verliert Berger kostbare fünf Sekunden, da er vom Ligier von Panis behindert wird. Er wird dann dennoch Zweiter, weil Coulthard in der letzten Runde das Benzin ausgeht. Sieger wird Damon Hill, der sich zum zweiten Mal hintereinander den Grosser Preis von Italien holt.

GROSSER PREIS VON

Portugal

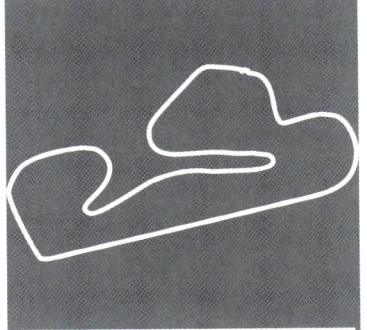

1	D. Coulthard — Williams — 1'20"537 (194,892)	D. Hill — Williams — 1'20"905 (194,005)
2	M. Schumacher — Benetton — 1'21"301 (193,060)	G. Berger — Ferrari — 1'21"970 (191,485)
3	H.H. Frentzen — Sauber — 1'22"226 (190,889)	J. Herbert — Benetton — 1'22"322 (190,666)
4	J. Alesi — Ferrari — 1'22"391 (190,506)	R. Barrichello — Jordan — 1'22"538 (190,167)
5	M. Brundle — Ligier — 1'22"588 (190,052)	E. Irvine — Jordan — 1'22"831 (189,494)
6	O. Panis — Ligier — 1'22"904 (189,327)	M. Blundell — McLaren — 1'22"914 (189,305)
7	M. Hakkinen — McLaren — 1'23"064 (188,963)	C. Boullion — Sauber — 1'23"934 (187,004)
8	M. Salo — Tyrrell — 1'23"936 (187,000)	U. Katayama — Tyrrell — 1'24"287 (186,221)
9	P. Lamy — Minardi — 1'24"657 (185,407)	L. Badoer — Minardi — 1'24"778 (185,142)
10	T. Inoue — Footwork — 1'24"883 (184,913)	M. Papis — Footwork — 1'25"179 (184,271)
11	A. Montemini — Pacific — 1'26"172 (182,147)	P. Diniz — Forti — 1'27"292 (179,810)
12	R. Moreno — Forti — 1'27"523 (179,336)	J.D. Deletraz — Pacific — 1'32"769 (169,194)
13		

24. September 1995.

Rennstrecke: Estoril.

Distanz: 309 km.

Organisation: A.C.Portugal. **Rennleiter:** John Corsmith.

Zuschauer: 75.000.

Wetterlage: durchweg sonnig und warm.

SCHNELLSTE RUNDE

Fahrer	Runde	Zeit	km/h
Coulthard	2	1'23"220	188.609
Schumacher	37	1'23"702	187.522
Hill	20	1'23"737	187.444
Brundle	58	1'24"427	185.912
Barrichello	60	1'24"472	185.813
Berger	2	1'24"805	185.083
Herbert	8	1'25"128	184.381
Frentzen	56	1'25"283	184.046
Alesi	8	1'25"544	183.485
Blundell	24	1'25"646	183.266
Hakkinen	18	1'25"690	183.172
Irvine	54	1'25"767	183.007
Panis	4	1'26"123	182.251
Boullion	47	1'26"193	182.103
Salo	43	1'27"247	179.903
Inoue	48	1'27"356	179.679
Lamy	3	1'27"779	178.813
Montermini	22	1'27"801	178.768
Badoer	32	1'28"043	178.277
Diniz	18	1'29"803	174.783
Moreno	43	1'31"148	172.203
Deletraz	5	1'34"445	166.192

ERGEBNIS

	FAHRER	RENNSTALL	KM/H	ABSTAND
1.	David Coulthard	Williams	182.328	—
2.	Michael Schumacher	Benetton	182.112	7"248
3.	Damon Hill	Williams	181.671	22"121
4.	Gerhard Berger	Ferrari	179.831	1'24"879
5.	Jean Alesi	Ferrari	179.815	1'25"429
6.	Heinz H. Frentzen	Sauber	179.679	1 runde
7.	Johnny Herbert	Benetton	179.360	1 runde
8.	Martin Brundle	Ligier	179.094	1 runde
9.	Mark Blundell	McLaren	178.533	1 runde
10.	Eddie Irvine	Jordan	178.319	1 runde
11.	Rubens Barrichello	Jordan	177.467	1 runde
12.	Cristophe Boullion	Sauber	177.212	1 runde
13.	Mika Salo	Tyrrell	175.344	2 runde
14.	Luca Badoer	Minardi	173.915	3 runde
15.	Taki Inoue	Footwork	173.476	3 runde

AUSFÄLLE

FAHRER	RENNSTALL	RUNDE	GRUND
Massimiliano Papis	Footwork	0	Nicht gestartet
Pedro Lamy	Minardi	7	Getriebe
Olivier Panis	Ligier	10	Dreher
Jean-Denis Deletraz	Pacific	14	Physische Probleme
Mika Hakkinen	McLaren	44	Motor
Andrea Montermini	Pacific	53	Getriebe

Diesmal hat Coulthard auf das Chaos, das er in Monza angestellt hatte, verzichtet: am Freitag holte er sich die *Pole-Position* und am Sonntag dann den Sieg, nach 21 Grosser Preis-Rennen der erste in seiner Karriere. Ein draufgängerisches, aber intelligentes Rennen, sauber und entschlossen ausgetragen.

Das ganze Gegenteil von seinem "Team-Chef" Damon Hill, der sich unsicher und - trotz der schnellsten Maschine des ganzen F1-Zirkus - langsam zeigte. Und dann wird er noch von Schumacher eingangs der Serpentine in meisterhafter, für ihn aber in geradezu peinlicher Weise überholt.

Die Ferrari-Piloten - auf dem 4. und 5. Platz - haben eigentlich nur nach dem Rennen ein Zeichen gesetzt, als sich Alesi öffentlich über Jean Todt ausliess. Es scheint, als habe Todt über Radio Alesi angewiesen, Berger vorbeizulassen, obwohl der in der Meisterschaftstabelle hinter Jean liegt. Wieso also ihn vorbeilassen? fragte sich Alesi vor den Journalisten.

Zurück zum Rennen. Der Start mußte wiederholt werden wegen des furchtbaren, aber glimpflich ausgegangenen Unfalls, den Ukyo Katayama verschuldete, als er mit seinem Tyrrell den Minardi von Badoer streifte und eine mehrfachen Salto mortale nach hinten - über die nachfolgenden Wagen hinweg - machte.

Groß war der Schrecken des sympathischen, aber leichtfertigen japanischen Fahrers, der schon in der Vergangenheit für derartige Zwischenfälle gut war - doch gering der Schaden an Leib und Leben. Wirklich in Gefahr schwebten dagegen die Zuschauer auf der Tribüne und die Mannschaften an den Boxen. Nicht zu denken, was passiert wäre, wenn der verrückt gewordene Wagen über die Absperrung

1 J.P.Todt und J.Alesi, seit Estoril in der Krise.

2 Der schreckliche Unfall Katayamas.

3 Der erste Sieg in der Formel 1 für Ayrton Senna 1985.

4 David Coulthard, 1994 zum ersten Mal auf dem Podest.

KURIOSA - DAMALS UND HEUTE

* Alain Prost hat auf einer Pressekonferenz angekündigt, daß er 1996 auf seinem McLaren-Mercedes nicht an der Weltmeisterschaft teilnehmen wird, sondern sich auf verschiedene Tests für seinen britischen Stall beschränken wird, um möglichst schnell zur optimalen Einstellung von Motoren und Wagen zu kommen.

* Der Schweizer Pilot Jean-Denis Deletraz, der bei Pacific Giovanni Lavaggi vertritt, mußte in der 14. Runde von Krämpfen geschüttelt aufgeben, was deutlich macht, dass der Fahrer nicht in der besten körperlichen Verfassung war.

* Ayrton Senna gewann 1985 seinen ersten GP der Formel 1 in Portugal auf dem Estoril-Ring mit einem Lotus-Renault. Für die Dauer des gesamten Rennens regnete es in Strömen.

* Rekordsieger des GP von Portugals sind Alain Prost, dreimaliger Sieger auf McLaren (1984 - 1987 - 1988), und Nigel Mansell, zweimaliger Sieger mit Ferrari (1986, 1990) und dann noch einmal 1992.

VOR EINEM JAHR

Damon Hill gewann in Serie seinen 3. Grand Prix und kam auf einen Punkt an den deutschen Tabellenführer von Benetton heran, dessen Disqualifizierung er optimal ausnutzte. Hinter ihm der Stallgefährte Coulthard, der ein ausgezeichnetes Rennen gefahren ist, währenddessen er auch die Führung übernommen hatte. Das wird belohnt: zum ersten Mal auf dem Siegerpodest.

Als Dritter kam Hakkinen auf seinem McLaren ins Ziel, während Alesi diese Plazierung entgeht wegen seines Unfalls (mit Brabham).

Drei Rennen vor Ende der Meisterschaft ist der Ausgang wieder offen und damit wieder spannend geworden. Wird Schumacher den entfesselten und von Fortuna geküßten Hill in Schach halten können?

GROSSER PREIS VON Europa

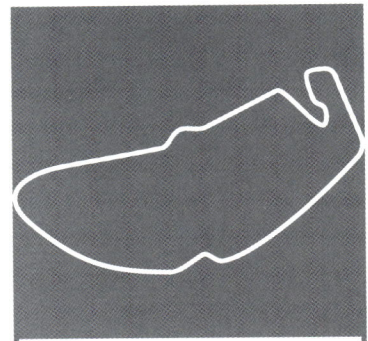

Startaufstellung

D. Coulthard Williams 1'18"738 (208,306)	**D. Hill** Williams 1'18"972 (207,689)
M. Schumacher Benetton 1'19"150 (207,222)	**G. Berger** Ferrari 1'19"821 (205,480)
E. Irvine Jordan 1'20"488 (203,777)	**J. Alesi** Ferrari 1'20"510 (203,721)
J. Herbert Benetton 1'20"653 (203,360)	**H.H. Frentzen** Sauber 1'20"749 (203,118)
M. Hakkinen McLaren 1'20"866 (202,824)	**M. Blundell** McLaren 1'20"909 (202,717)
R. Barrichello Jordan 1'21"211 (201,963)	**M. Brundle** Ligier 1'21"541 (201,145)
C. Boullion Sauber 1'22"059 (199,876)	**O. Panis** Ligier 1'22"062 (199,868)
M. Salo Tyrrell 1'23"058 (197,472)	**P. Lamy** Minardi 1'23"328 (196,832)
M. Papis Footwork 1'23"689 (195,983)	**L. Badoer** Minardi 1'23"760 (195,817)
G. Tarquini Tyrrell 1'24"286 (194,595)	**A. Montermini** Pacific 1'24"696 (193,653)
T. Inoue Footwork 1'24"900 (193,187)	**P. Diniz** Forti 1'25"157 (192,604)
R. Moreno Forti 1'26"098 (190,499)	**J.D. Deletraz** Pacific 1'27"853 (186,694)

1. Oktober 1995. **Rennstrecke:** Nürburgring. **Distanz:** 309 km. **Organisation:** ADAC. **Rennleiter:** John Corsmith. **Zuschauer:** 91.000. **Wetterlage:** wechselhaft, heiter und regnerisch.

SCHNELLSTE RUNDE

Fahrer	Runde	Zeit	km/h
Schumacher	57	1'21"180	202.040
Coulthard	60	1'21"739	200.658
Hill	58	1'21"933	200.183
Herbert	56	1'22"544	198.701
Hakkinen	65	1'22"760	198.183
Alesi	58	1'22"814	198.053
Brundle	64	1'23"801	195.721
Berger	38	1'24"239	194.703
Irvine	63	1'24"775	193.472
Barrichello	37	1'25"018	192.919
Boullion	43	1'25"385	192.090
Salo	61	1'25"516	191.796
Badoer	62	1'25"962	190.801
Tarquini	61	1'26"160	190.362
Papis	55	1'26"332	189.983
Montermini	44	1'26"566	189.469
Lamy	59	1'26"832	188.889
Diniz	57	1'27"555	187.329
Deletraz	59	1'31"253	179.738
Frentzen	16	1'37"423	168.354
Moreno	21	1'37"763	167.769
Panis	12	1'39"347	165.094
Blundell	14	1'40"613	163.017

ERGEBNIS

	FAHRER	RENNSTALL	KM/H	ABSTAND
1.	Michael Schumacher	Benetton	183.180	—
2.	Jean Alesi	Ferrari	183.098	2'684
3.	David Coulthard	Williams	182.106	35'382
4.	Rubens Barrichello	Jordan	178.789	1 runde
5.	Johnny Herbert	Benetton	178.099	1 runde
6.	Eddie Irvine	Jordan	177.996	1 runde
7.	Martin Brundle	Ligier	177.961	1 runde
8.	Mika Hakkinen	McLaren	177.579	2 runde
9.	Pedro Lamy	Minardi	174.522	3 runde
10.	Mika Salo	Tyrrell	174.023	3 runde
11.	Luca Badoer	Minardi	173.605	3 runde
12.	Massimiliano Papis	Footwork	172.494	3 runde
13.	Pedro Diniz	Forti	168.182	5 runde
14.	Gabriele Tarquini	Tyrrell	165.429	6 runde
15.	Jean-Denis Deletraz	Pacific	162.041	7 runde

AUSFÄLLE

FAHRER	RENNSTALL	RUNDE	GRUND
Taki Inoue	Footwork	0	Nicht gestartet
Mark Blundell	McLaren	14	Dreher
Olivier Panis	Ligier	14	Dreher
Heinz Harald Frentzen	Sauber	17	Kollision
Rioberto Moreno	Forti	22	Bremsen
Gerhard Berger	Ferrari	40	Elektrik
Cristophe Boullion	Sauber	44	Unfall
Andrea Montermini	Pacific	45	Tank leer
Damon Hill	Williams	58	Unfall

Es ist sicherlich schon Jahre her, daß man einen so faszinierenden, sowohl auf der Piste wie bei den Boxen Stops an den Boxen heiss umkämpften Grosser Preis gesehen hat. Das ist natürlich das Verdienst der beiden Champions, Jean Alesi und Michael Schumacher. Im ersten Teil des Rennens zeigte der Franzose aus dem Hause Ferrari allen, wie man auf einer nassen Piste mit Trockenreifen zu fahren hat, wie man bei sich trocknender Strecke pro Runde zwei bis drei Sekunden herausfährt, um schließlich mit gut 40 Sekunden vorn zu liegen. Dann kommt jedoch Schumacher auf, und zwei Runden vor Schluß findet das entscheidende Duell an der Spitze statt, das Schumacher mit einem atemberaubenden Überholmanöver auf der Schikane für sich entscheidet: Michael ist auf dem Nürburgring Erster und Jean Zweiter. Dritter wieder Coulthard, begünstigt dadurch, daß sein Teamkamerad Hill von der Piste abgekommen ist. Das hätte der triumphale Grosser Preis von Alesi sein können; dass das nicht so gekommen ist, liegt nicht nur an der Übermacht Schumachers sondern auch daran, daß Jean bei einem Überholversuch von den überrundeten Hakkinen und Brundle behindert worden ist, als er gezwungen war, die Schikane zu schneiden und sich die Reifen auf dem Rasen zu verschmutzen und zu ruinieren. Ein schönes Rennen auf dem meisten Piloten unbekannten Ring, ein begeisternder Abschied des Grand Prix von Europa. Die letzten drei Rennen für 1995 werden in Japan (2) und Australien ausgetragen, doch die Meisterschaft kann als beendet betrachtet werden, da Schumacher einen Vorsprung von 27 Punkten gegenüber Hill hat. Was man auch immer an dem Engländer als Piloten auszusetzen hat, eins ist sicher: er ist ein wirklicher Gentleman. Nachdem er aus eigenem Verschulden an Ende des Rennens aus der Piste geschleudert worden ist, steigt er aus seinem Wagen aus und applaudiert am Rand der Strecke seinem ins Ziel fahrenden Rivalen.

1 Panorama des neuen Ringes.

2 Rubens Barrichello, Vierter auf dem Nürburgring.

3 Der erste Formel 1-Sieg von Nigel Mansell.

4 Nach seiner Disqualifizierung: da ist er wieder, der Champion!

KURIOSA - DAMALS UND HEUTE

* Der Grosser Preis von Europa wird 1985 in England auf dem Ring von Brands Hatch ausgetragen und von Nigel Mansell auf seinem Williams-Honda gewonnen. Das ist der erste F1-Sieg von Mansell, der fünf Jahre zuvor seine Karriere in der Formel begonnen hatte und 72 GP gefahren ist.

* Seit seinem Anfang (1983) ist der GP von Europa auf diversen Strecken gefahren worden. 1983 in Brands Hatch (Sieger N. Piquet), 1984 auf dem - mittlerweile leicht modifizierten - Nürburgring (Sieger A.Prost), dann 1985, wie schon gesagt, in Brands Hatch, dann 1993 auf der kuriosen "Privat"-Strecke von Donington (Sieger A.Senna) und schliesslich 1994 in Jerez (Sieger M.Schumacher).

* Ein Mechaniker aus dem Pacific-Team Monterminis wurde beim Boxen Stop vom rechten Hinterrad einer Maschine erfasst und schwer verletzt. Der Mann, der sich nicht rechtzeitig vor dem herausfahrenden Wagen in Sicherheit bringen konnte, trug mehrere Bruchverletzungen an einem Bein davon.

VOR EINEM JAHR

Dass er bei zwei Grosser Preis disqualifiziert wurde, ist dem Siegeswillen Michael Schumachers keinesfalls abträglich. Kaum ist er wieder am Start, zeigt er, wer die Nummer Eins ist. *Pole-Position* und Sieg für ihn, Damon Hill wird Zweiter, Mika Hakkinen Dritter. Endlich auch ein gutes Rennen für den Japaner Ukyo Katayama, der sich auf seinem Tyrrell von der letzten auf die siebte Position vorgearbeitet hat.

GROSSER PREIS VON Pazifik

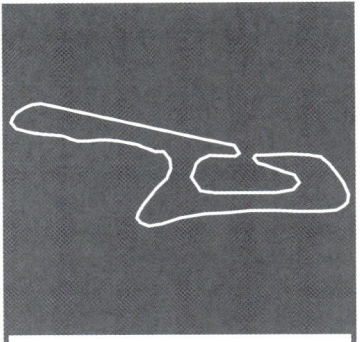

Startaufstellung:

1	D. Coulthard, Williams, 1'14"013 (180,114)	D. Hill, Williams, 1'14"213 (179,628)
2	M. Schumacher, Benetton, 1'14"284 (179,457)	J. Alesi, Ferrari, 1'14"919 (177,936)
3	G. Berger, Ferrari, 1'14"974 (177,805)	E. Irvine, Jordan, 1'15"354 (176,909)
4	J. Herbert, Benetton, 1'15"556 (176,436)	H.H. Frentzen, Sauber, 1'15"561 (176,424)
5	O. Panis, Ligier, 1'15"621 (176,284)	M. Blundell, McLaren, 1'15"652 (176,212)
6	R. Barrichello, Jordan, 1'15"774 (175,928)	J. Magnussen, McLaren, 1'16"339 (174,626)
7	A. Suzuki, Ligier, 1'16"519 (174,215)	P. Lamy, Minardi, 1'16"596 (170,040)
8	C. Boullion, Sauber, 1'16"646 (173,926)	L. Badoer, Minardi, 1'16"887 (173,381)
9	U. Katayama, Tyrrell, 1'17"014 (173,095)	M. Salo, Tyrrell, 1'17"213 (172,649)
10	G. Morbidelli, Footwork, 1'18"114 (170,658)	T. Inoue, Footwork, 1'18"212 (170,444)
11	P. Diniz, Forti, 1'19"579 (167,516)	R. Moreno, Forti, 1'19"745 (167,167)
12	A. Montermini, Pacific, 1'20"093 (166,441)	B. Gachot, Pacific, 1'21"405 (163,759)

22. Oktober 1995.

Rennstrecke: Aida.

Distanz: 307 km.

Organisation: Japan Racing. **Rennleiter:** John Corsmith. **Zuschauer:** 37.000. **Wetterlage:** heiter, vereinzelt bewölkt.

SCHNELLSTE RUNDE

Fahrer	Runde	Zeit	km/h
Schumacher	40	1'16"374	174.546
Hill	72	1'16"444	174.386
Coulthard	4	1'16"674	173.863
Irvine	76	1'16"927	173.292
Berger	63	1'17"795	171.358
Alesi	8	1'17"854	171.228
Frentzen	56	1'17"913	171.099
Herbert	65	1'18"164	170.549
Barrichello	43	1'18"326	170.196
Panis	29	1'18"335	170.177
Magnussen	68	1'18"631	169.536
Blundell	46	1'18"893	168.973
Katayama	61	1'19"574	167.527
Suzuki	3	1'19"816	167.019
Salo	69	1'19"878	166.890
Morbidelli	23	1'19"975	166.687
Lamy	4	1'20"055	166.521
Boullion	6	1'20"099	166.429
Badoer	77	1'20"299	166.015
Montermini	4	1'21"355	163.860
Inoue	7	1'21"503	163.562
Moreno	60	1'22"102	162.369
Diniz	32	1'22"528	161.531
Gachot	2	1'26"608	153.921

ERGEBNIS

	FAHRER	RENNSTALL	KM/H	ABSTAND
1.	Michael Schumacher	Benetton	169.443	—
2.	David Coulthard	Williams	169.056	14"920
3.	Damon Hill	Williams	168.198	48"333
4.	Gerhard Berger	Ferrari	166.921	1 runde
5.	Jean Alesi	Ferrari	166.741	1 runde
6.	Johnny Herbert	Benetton	166.729	1 runde
7.	H. Harald Frentzen	Sauber	166.620	1 runde
8.	Olivier Panis	Ligier	165.127	2 runde
9.	Mark Blundell	McLaren	165.003	2 runde
10.	Jan Magnussen	McLaren	164.943	2 runde
11.	Eddie Irvine	Jordan	164.528	2 runde
12.	Mika Salo	Tyrrell	163.032	3 runde
13.	Pedro Lamy	Minardi	162.548	3 runde
14.	Ukyo Katayama	Tyrrell	162.436	3 runde
15.	Luca Badoer	Minardi	161.504	3 runde

AUSFÄLLE

FAHRER	RENNSTALL	RUNDE	GRUND
Bertrand Gachot	Pacific	2	Getriebe
Cristophe Boullion	Sauber	7	Verlassen der Piste
Aguri Suzuki	Ligier	10	Dreher
Andrea Montermini	Pacific	14	Getriebe
Taki Inoue	Footwork	38	Elektrik
Giani Morbidelli	Footwork	53	Motor
Rubens Barrichello	Jordan	67	Elektrik

Michael Schumacher ist Weltmeister der Formel 1 und das zwei Rennen vor dem offiziellen Ende der Meisterschaft. Benetton sieht mit Freude den Titel für die Autokonstrukteure auf sich zukommen. Das ist das Resultat des GP des Pazifik in Japan, auf der Rennstrecke von Aida - zur grossen Zufriedenheit des Sponsors von Benetton, Mild Seven, der hier Heimsieger wird.
Zweiter wird Coulthard und Dritter Schumachers eigentlicher Rivale Damon Hill. Kein Ruhmesblatt, aber auch keine Schande sind die Plätze 4 und 5 von Ferrari.
Ausser der Plänkelei zwischen Hill und Schumacher in der ersten Kurve nach dem Start ist das Rennen hauptsächlich taktisch bestimmt, vor allem durch die Boxen. Auch hier, das heißt als Team, hat Benetton unter Beweis gestellt, des Meistertitels würdig zu sein: einwandfreie Boxen Stops, Reifenwechsel und Auftanken im Eiltempo, vor allem aber die Wahl des rechten Moments dafür. Das zeigte sich, als - Seltenheitsfall bei einem Großen Preis! - Hill, Alesi und Schumacher zugleich an die Boxen fahren, aber in umgekehrter Reihenfolge wieder herauskommen. Eine Frage von Hundertsteln. Auf einem für das Überholen so diffizilen Ring ist das schnelle Ablegen dank der Bravour der Mechaniker auch psychologisch von größter Bedeutung.
Bravo, Benetton! Bravo, Schumacher! Die Prestige-Nummer 1 ist Schumis Mitgift für seinen neuen Stall in der kommenden Saison: Ferrari.
Apropos Michael. Vor Journalisten aus aller Welt hat er seinen Vorschlag zu einem Gespräch mit seinem Rivalen Damon Hill kundgetan, das in einem Klima der Aufrichtigkeit und Freundschaft stattfinden soll, um dem ständigen Nervenkrieg vor allem vor und nach den Rennen ein Ende zu bereiten. Eine schöne Geste, die der Damon Hills auf dem Nürburgring in nichts nach steht.

1 Eine seltene Art zu feiern: Michael Schumacher und Flavio Briatore

2 Eddie Jordan erreicht die Rennstrecke von Aida

3 Jan Magnussen, neuer Pilot von McLaren

4 Michael Schumacher auf dem Treppchen (1994)

KURIOSA – DAMALS UND HEUTE

* Während die Teams in Fernost im Einsatz sind, werden in Europa die Wagen für 1996 ins Feld geschickt. Ferrari testet in Maranello den neuen V10-Motor; in Le Mans präsentierte sich der DAMS-F1 mit seinem Ford-Motor.
* Jacques Villeneuve hat in Imola offiziell als F1-Pilot der kommenden Saison endlich ausgiebig den Williams testen können und hervorragende Zeiten erreicht, wobei er nur leicht hinter Damon Hill blieb.
* Im Alter von 73 Jahren ist Luciano Conti, enger Vertrauter der Formel 1 - von Enzo Ferrari bis zu Bernie Ecclestone -, verstorben. Er machte von sich reden als Pilot, Gentleman, Herausgeber der italienischen Zeitschrift Autosprint und schließlich als der eigentliche Vater des Rings von Imola.
* Der 22jährige Jan Magnussen, Débutant in Aida auf McLaren, erreichte am Start Platz 12 und am Ziel Platz 10. Eine beachtliche Leistung des jungen Dänen, für den das Wochenende nicht besonders glücklich begann, als er mit einer Geldstrafe von 7500 Dollar wegen zu hoher Geschwindigkeit an den Boxen bedacht wurde.

VOR EINEM JAHR

Der Grand Prix des Pazifik fand als 2. Großer Preis der Saison im April statt. Schumacher holte sich seinen zweiten Sieg, der der vierte in seiner Laufbahn war. Hinter ihm kommen Berger und Barrichello, der zum ersten Mal in der F1 auf dem Treppchen steht.
Senna scheidet wegen einer Kollision mit Hakkinen in der ersten Runde aus, womit jeder Vergleich mit Benetton unmöglich wird.
Als einzige "Zirkusnummer" ist der Auftritt des jungen, draufgängerischen Verstappen zu erwähnen, der nach dem *Pit-Stop* bei der Einfahrt auf die Piste wegen zu kalter Reifen mit seinem Benetton eine wunderschöne Drehung vollführt.

GROSSER PREIS VON Japan

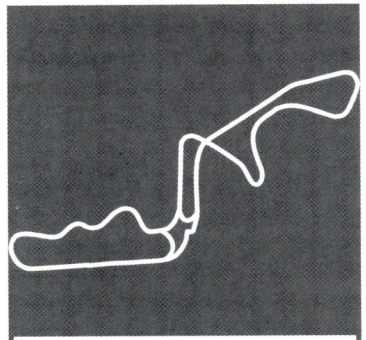

Startaufstellung

M. Schumacher Benetton 1'38"023 (215,361)	1	**J. Alesi** Ferrari 1'38"888 (213,477)
M. Hakkinen McLaren 1'38"954 (213,335)	2	**D. Hill** Williams 1'39"032 (213,167)
G. Berger Ferrari 1'39"040 (213,150)	3	**D. Coulthard** Williams 1'39"155 (212,903)
E. Irvine Jordan 1'39"621 (211,907)	4	**H.H. Frentzen** Sauber 1'40"010 (211,082)
J. Herbert Benetton 1'40"349 (210,369)	5	**R. Barrichello** Jordan 1'40"381 (210,302)
O. Panis Ligier 1'40"838 (209,349)	6	**M. Salo** Tyrrell 1'41"355 (208,281)
A. Suzuki Ligier 1'41"592 (207,795)	7	**U. Katayama** Tyrrell 1'41"977 (207,011)
G. Morbidelli Footwork 1'42"059 (206,845)	8	**K. Wendlinger** Sauber 1'42"912 (205,130)
P. Lamy Minardi 1(43"102 (204,752)	9	**L. Badoer** Minardi 1'43"542 (203,882)
T. Inoue Footwork 1'44"074 (202,840)	10	**A. Montermini** Pacific 1'46"097 (198,972)
P. Diniz Forti 1'46"654 (197,933)	11	**R. Moreno** Forti 1'48"267 (194,984)
B. Gachot Pacific 1'48"289 (194,945)	12	**M. Blundell** McLaren 16'42"640 (21,054)
	13	

29. Oktober 1995. **Rennstrecke:** *Suzuka.* **Distanz:** *310 km.* **Organisation:** *Japan Racing Organization.* **Rennleiter:** *John Corsmith.* **Zuschauer:** *145.000.* **Wetterlage:** *Freitag heiter, Samstag bedeckt, Sonntag bewölkt und regnerisch.*

SCHNELLSTE RUNDE

Fahrer	Runde	Zeit	km/h
Schumacher	33	1'42"976	205.003
Coulthard	33	1'43"079	204.798
Hill	31	1'43"193	204.572
Hakkinen	38	1'43"369	204.223
Herbert	37	1'43"404	204.154
Irvine	30	1'43"477	204.010
Frentzen	35	1'44"211	202.573
Blundell	50	1'44"287	202.426
Alesi	23	1'44"370	202.265
Salo	51	1'45"625	199.861
Panis	47	1'45"661	199.793
Wendlinger	43	1'45"824	199.485
Inoue	42	1'46"600	198.033
Lamy	44	1'46"954	197.378
Badoer	47	1'47"025	197.247
Montermini	21	1'49"985	191.938
Diniz	30	1'50"261	191.458
Barrichello	13	1'51"343	189.597
Berger	12	1'52"165	188.208
Katayama	12	1'56"404	181.354
Gachot	5	2'06"927	166.319

ERGEBNIS

	FAHRER	RENNSTALL	KM/H	ABSTAND
1.	Michael Schumacher	Benetton	192.349	—
2.	Mika Hakkinen	McLaren	191.712	19"337
3.	Johnny Herbert	Benetton	189.616	1'23"804
4.	Eddie Irvine	Jordan	189.028	1'42"136
5.	Olivier Panis	Ligier	187.446	1 runde
6.	Mika Salo	Tyrrell	187.188	1 runde
7.	Mark Blundell	McLaren	187.131	1 runde
8.	H.H. Frentzen	Sauber	186.219	1 runde
9.	Luca Badoer	Minardi	184.528	2 runde
10.	Karl Wendlinger	Sauber	183.548	2 runde
11.	Pedro Lamùy	Minardi	182.572	2 runde
12.	Taki Inoue	Footwork	182.377	2 runde

AUSFÄLLE

FAHRER	RENNSTALL	RUNDE	GRUND
Gianni Morbidelli	Footwork	1	Dreher
Roberto Moreno	Forti	1	Getriebe
Bertrand Gachot	Pacific	6	Lager
Ukyo Katayama	Tyrrell	12	Dreher
Rubens Barrichello	Jordan	15	Dreher
Gerhard Berger	Ferrari	16	Beschickung
Andrea Montermini	Pacific	23	Dreher
Jean Alesi	Ferrari	24	Lager
Pedro Diniz	Forti	32	Dreher
David Coulthard	Williams	39	Verlassen der Piste
Damon Hill	Williams	40	Verlassen der Piste

Eine weitere siegreiche Etappe in Japan für M. Schumacher und Benetton.
In Aida wurde Michael endgültig zum Weltmeister gekürt, eine Woche später zieht in Suzuka Benetton nach und wird zum ersten Mal Weltmeister der Autokonstrukteure dank des 1. Platzes von Schumacher (Sieger in 9 von 16 Rennen) und des 3. Platzes von J. Herbert.
Eine wahre Triumphfahrt von Schumi, dem wie gewöhnlich von seinen Konkurrenten Hill und Coulthard geholfen wird, die aus eigenem Versagen von der Piste abkommen.
Es hätte wahrlich langweilig werden können bei dieser Übermacht von Benetton, wenn J. Alesi das Rennen nicht unglaublich belebt hätte. Zuerst mit einem Superstart, dann bei der Verfolgung Schumachers und schließlich, als er zeigte, daß er ein Weltklasse-Pilot ist, der es versteht, die 10 Sekunden Strafzeit wegen Frühstarts aufzuholen und sich vom 15. Platz wieder bis zu Schumacher heranzuarbeiten.
Doch der kleine Franzose ist alles andere als von Fortuna geküßt, denn in dem Moment, als er Schumacher hätte attackieren können, muß er mit einem technischen Schaden aufgeben.
Davon profitiert Hakkinen auf seinem McLaren, dessen Probleme wenigstens teilweise gelöst zu sein scheinen, Erwird Zweiter, nachdem er schon in den Probeläufen optimal gefahren ist und so die Fortschritte seines Wagens unter Beweis gestellt hat.
Doch nochmal kurz zu Alesi. Ein wirklich großartiges Schauspiel mit atemberaubenden Überholmanövern, einem durch eine ungewollte Behinderung von Lamy provozierten Abdriften auf den Rasen, Attacke auf und Überholen von Hill in der Schikane. Dafür gab's dann Komplimente von allen Seiten, vor allem von Briatore, seinem künftigen Team-Manager.
Wütend konnte auch Stallgefährte Berger sein, der nach einem farblosen Rennen ebenfalls wegen eines Defekts aufgeben mußte und an diesem Punkt nur noch wünschen konnte, so schnell wie möglich die Arbeit mit dem neuen Wagen bei Benetton zur Vorbereitung auf die neue Saison zu beginnen.

KURIOSA - DAMALS UND HEUTE

* Gerhard Berger (1987 und 1991) und Ayrton Senna (1988 und 1993) heißen die Hauptgewinner des GP von Japan.
Auch zwei italienische Piloten haben in der Vergangenheit schon in Japan gewonnen, nämlich Alessandro Nannini auf Benetton 1989 und Riccardo Patrese auf Williams 1992.

* Im Zentrum eines wohl einmaligen Vorfalls in der Geschichte der F1 stand 1976 Niki Lauda. Nach dem auf dem Nürburgring erlittenen Trauma, bei dem er in Lebensgefahr schwebte, fährt Lauda bei strömendem Regen plötzlich an die Boxen und erklärt sein Ausscheiden unverblümt so: "Ich bekam auf einmal Angst". Mit diesem Rückzug verliert Lauda den Weltmeistertitel wegen eines Punktes an James Hunt.

* Schwarzer Tag für Damon Hill, der unkonzentriert fährt, unbegründet von der Piste abkommt und nach dem Rennen noch mit 10.000 Dollar wegen zu hoher Geschwindigkeit an den Boxen bestraft wird: er war mit 140 kmh zum Pit-Stop eingefahren (zulässig sind nur 120 kmh).

VOR EINEM JAHR

Genau vor einem Jahr fuhr Damon Hill eines seiner besten Rennen und besiegte seinen Hauptkonkurrenten Schumacher. Spektakulär war das Finale dieses Rennens bei strömendem Regen, als Hill sich mit letzter Kraft Schumacher vom Leib halten mußte und auf einem Wahnsinnskurs an den Grenzen des Möglichen im zickzack an den überrundeten Wagen vorbei ins Ziel fuhr.
Jean Alesi kam nach einem spannenden Duell mit Nigel Mansell auf Platz 3.

1 Michael Schumacher und Johnny Herbert auf dem Treppchen

2 Der Unfall von Mark Blundell beim Probelauf

3 Ayrton Senna und Gerhard Berger auf Suzuka (1991)

4 Nigel Mansell

GROSSER PREIS VON Australien

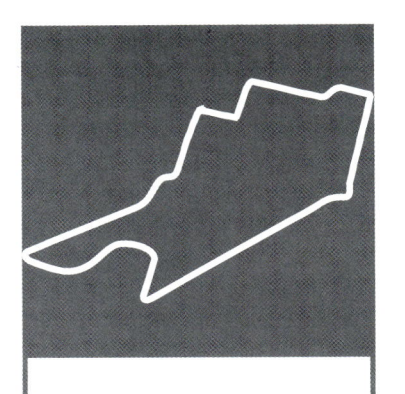

Startaufstellung

Pos	Fahrer		Pos	Fahrer
1	D. Hill – Williams – 1'15"505 (180,226)			D. Coulthard – Williams – 1'15"628 (179,933)
2	M. Schumacher – Benetton – 1'15"839 (179,433)			G. Berger – Ferrari – 1'15"932 (179,213)
3	J. Alesi – Ferrari – 1'16"305 (178,337)			H.H. Frentzen – Sauber – 1'16"647 (177,541)
4	R. Barrichello – Jordan – 1'16"725 (177,361)			J. Herbert – Benetton – 1'16"950 (176,842)
5	E. Irvine – Jordan – 1'17"116 (176,461)			M. Blundell – McLaren – 1'17"348 (175,932)
6	M. Brundle – Ligier – 1'17"624 (175,307)			O. Panis – Ligier – 1'18"033 (174,388)
7	G. Morbidelli – Footwork – 1'18"391 (173,591)			M. Salo – Tyrrell – 1'18"604 (173,121)
8	L. Badoer – Minardi – 1'18"810 (172,668)			U. Katayama – Tyrrell – 1'18"828 (172,629)
9	P. Lamy – Minardi – 1'18"875 (172,526)			K. Wendlinger – Sauber – 1'19"561 (171,039)
10	T. Inoue – Footwork – 1'19"677 (170,790)			R. Moreno – Forti – 1'20"657 (168,714)
11	P. Diniz – Forti – 1'20"878 (168,253)			A. Montermini – Pacific – 1'21"659 (166,644)
12	B. Gachot – Pacific – 1'21"998 (165,955)			

12. November 1995.
Rennstrecke: Adelaide.
Distanz: 306 km.
Organisation: Confederation of Australian Motor Sport.
Rennleiter: John Corsmith. **Zuschauer:** 200.000. **Wetterlage:** Freitag bewölkt, Samstag/Sonntag sonnig.

SCHNELLSTE RUNDE

Fahrer	Runde	Zeit	km/h
Hill	16	1'17"943	174.589
Coulthard	5	1'18"025	174.406
Schumacher	7	1'18"199	174.017
Herbert	33	1'19"056	172.131
Berger	7	1'19"493	171.185
Alesi	12	1'19"503	171.163
Frentzen	20	1'19"861	170.396
Panis	26	1'20"305	169.453
Irvine	14	1'20"563	168.911
Barrichello	14	1'20"643	168.743
Brundle	29	1'20"835	168.342
Blundell	53	1'21"363	167.250
Salo	45	1'21"392	167.190
Morbidelli	12	1'21"418	167.137
Lamy	48	1'21"677	166.607
Inoue	14	1'22"641	164.664
Wendlinger	4	1'22"784	164.379
Katayama	4	1'22"790	164.367
Moreno	7	1'22"944	164.062
Diniz	4	1'23"253	163.453
Gachot	7	1'24"139	161.639
Montermini	2	1'25"242	159.639

ERGEBNIS

	FAHRER	RENNSTALL	KM/H	ABSTAND
1.	Damon Hill	Williams	168.129	—
2.	Olivier Panis	Ligier	163.934	2 runden
3.	Gianni Morbidelli	Footwork	163.675	2 runden
4.	Mark Blundell	McLaren	163.174	2 runden
5.	Mika Salo	Tyrrell	161.816	3 runden
6.	Pedro Lamy	Minardi	161.775	3 runden
7.	Pedro Diniz	Forti	158.126	4 runden
8.	Bertrand Gachot	Pacific	156.539	5 runden

AUSFÄLLE

FAHRER	RENNSTALL	RUNDE	GRUND
Luca Badoer	Minardi	0	Nicht gestartet
Andrea Montermini	Pacific	2	Getriebe
Karl Wendlinger	Sauber	8	Phys Probleme
Taki Inoue	Footwork	15	Dreher
David Coulthard	Williams	19	Unfall
Rubens Barrichello	Jordan	20	Unfall
Roberto Moreno	Forti	21	Dreher
Jean Alesi	Ferrari	23	Unfall
Michael Schumacher	Benetton	25	Unfall
Martin Brundle	Ligier	29	Unfall
Gerhard Berger	Ferrari	34	Motor
Heinz H. Frentzen	Sauber	39	Getriebe
Eddie Irvine	Jordan	62	Motor
Johnny Herbert	Benetton	69	Transmission

In diesem Jahr hat der F1-Zirkus seine Zelte in Australien aufgeschlagen, um den letzten Grand Prix der Saison auszutragen, wobei die WM-Titel der Fahrer (Schumacher) und Konstrukteure (Benetton) schon längst vergeben waren.

Sein Leben hat bei den Probeläufen Mika Hakkinen auf's Spiel gesetzt, als sein McLaren wegen eines Reifenschadens am linken Hinterrad auf einem superschnellen Streckenabschnitt (mehr als 200 kmh) von der Piste abkam.

Zwei Tage im Koma! Dann - wie ein Wunder - ging's wieder bergauf. Es ist dem Mika nur zu wünschen, dass er möglichst bald wieder bei der Formel 1 zu sehen ist. Der GP selbst war ein Ein-Mann-Rennen von Hill, der aus der Pole-position gestartet ist und mit zwei Runden Abstand zu Olivier Panis (Ligier) und zum leistungsstarken und glücklichen Gianni Morbidelli (Footwork) ins Ziel fuhr. Schumacher musste in der 25. Runde aufgeben, nachdem er sich verhakt hatte - natürlich mit dem Ferrari von Alesi, als der ihn in der Kurve abdrängen wollte. Coulthard, der Seite an Seite mit Hill gestartet war, musste in der 19. Runde nach einem Unfall auf der Boxen-Spur ausscheiden. Er wollte zu schnell auf die Piste zurück und landete am Guard-rail. In Australien endete die diesjährige Meisterschaft, die kommende wird im März 96 in Australien eröffnet wieder auf einem Stadtring, aber diesmal in Melbourne.

KURIOSA - DAMALS UND HEUTE

* Mit Pole-position und Sieg beim GP von Australien 1994 kommt Nigel Mansell in 185 GP-Rennen auf 31 Siege und 32 Pole-position.

* Der 27jährige italienische Footwork-Pilot Gianni Morbidelli steht als Dritter des 95er Rennens nach 60 GP zum ersten Mal auf dem Treppchen.

* Endgültig ist der sympathische Japaner Ukyo Katayama zum "Schrecken der Boxen" geworden. Diesmal hat er beim Pit-stop an den Boxen zweimal seinen Stall verwechselt, als er es zunächst bei Pacific, dann bei Minardi versuchte, noch die Reifen für Lamy auf's Korn nahm, um schliesslich bei Tyrrell zu landen.

VOR EINEM JAHR

In der 36. Runde des GP von Australien gewinnt Schumacher seinen 1. WM-Titel, denn in einem Duell mit seinem Verfolger Hill kollidierten die beiden und mussten das Rennen beenden. Mit einem Vorsprung von nur einem Punkt auf seinen unmittelbaren Rivalen konnte Schumacher sich die erste Weltmeisterschaft holen.
Ein nicht gerade sehr sportliches Finale der 94er WM, wie man es im übrigen von den Duellen 1989 und 1990 zwischen Senna und Prost kennt.
Das Rennen gewinnt schliesslich der alte Löwe Mansell vor dem Ferrari von Berger und dem McLaren von Brundle.

1 - Damon Hill (Williams)

2 - Gianni Morbidelli (Footwork)

3 - G. P. Adelaide 1994: Benetton

4 - Olivier Panis (Ligier)

Daten und Fakten 1995

JEAN ALESI – SEIN ERSTER SIEG

Jean Alesi hat sich den Großer Preis von Kanada und den Ring, der Villeneuve gewidmet ist, ausgesucht, um nach insgesamt 91 Großer Preis seinen ersten Sieg zu feiern.
Dieser Pilot ist ein Hans im Unglück und vielleicht gerade deswegen so beliebt, nicht nur bei den Fans von Ferrari - ein Pilot, der ewig der Zweite ist.
Dann ist es aber soweit: eine Prise Glück und der Erfolg ist da. Jubel des Publikums, das am Ende des Rennens die Piste überflutet. Ferrari-Fahnen überall.
Er debütiert 1989 im Alter von 25 Jahren auf einem Tyrrell und als Franzose natürlich beim Großer Preis von Frankreich. 1990 dann lernt man ihn besser kennen, als er beim Großer Preis der USA in Phoenix und auf dem schwierigen Ring in Monte Carlo mit seinem Tyrrell, einer eher schwächeren Marke, nur knapp am Sieg vorbeifährt. 1991 engagiert ihn Ferrari. Ein Traum wird wahr, der für ihn oft zur Tortur wird bei seiner starken Bindung an den Stall und der wechselseitigen Sympathie für Mannschaft und Fans. Bei Alesi fällt einem ein anderer vom Pech verfolgter Ferrari-Fahrer ein: Chris Arnon, der obwohl er ein schneller und korrekter Pilot war, keinen einzigen Großer Preis in der F1 gewann. Nur im Tasman-Cup war ihm und seiner Mannschaft Erfolg vergönnt.
Jeans erster Großer Preis-Sieg fällt auf einen denkwürdigen Tag, auf den 11.Juni, seinen 31.Geburtstag.

JUAN MANUEL FANGIO

Wenn man an einen Piloten im Automobilrennsport denkt, dann unweigerlich an einen jungen, todesmutigen Draufgänger, für den Unfall und Gefahr zum alltäglichen Geschäft des Rennfahrers gehören.

Juan Manuel Fangio auf Alfa Romeo 158 wird 1950 Sieger beim Grossen Preis von Monte Carlo.

Will man J. Manuel Fangio schildern, muss man genau vom Gegenteil ausgehen. Das erste Mal wird er Weltmeister mit 40, das letzte mal mit 46 Jahren.
Er hatte nur zwei Unfälle (in Monza und in Südamerika) wegen Übermüdung, was ihn nur veranlaßte, sowohl im Rennen wie im Privatleben noch umsichtiger zu werden. Das waren natürlich noch andere Zeiten. Da reisten die Piloten noch nicht mit ihren Privatjets und -hubschraubern zum Großer Preis an, mit ihrer Trainings-Crew usw.
In Monza kommt Fangio zum Beispiel nur ein paar Minuten vor dem Großer Preis an, nachdem er

EINIGE HÖHEPUNKTE IN DER LAUFBAHN DES J. M. FANGIO

1940
Meister von Argentinien auf Chevrolet
1941
Meister von Argentinien auf Chevrolet
1949
1. GP-Sieg (auf Ferrari) in Monza
1950
Weltmeisterschaftszweiter der Formel 1
1951
Weltmeister der F1 auf Alfa Romeo
1954
Weltmeister der F1 auf Mercedes Benz
1955
Weltmeister der F1 auf Mercedes Benz
1956
Weltmeister der F1 auf Lancia-Ferrari
1957
Weltmeister der F1 auf Maserati

überhaupt den Wagen, in dem er saß, zu kennen. Endstation Krankenhaus: Wirbelbruch. Er war in der Kurve von Lesmo böse von der Piste abgekommen. Ein Jahr lang mußte er pausieren. Ein Mann von grosser Intelligenz, dem im und nach dem Rennen sowie nach Beendigung seiner Karriere niemand den Respekt versagte.
Juan Manuel Fangio wurde 1911 in Balcarce (Argentinien) geboren. Erst mit 25 Jahren begann er, Rennen zu fahren und wurde bald zum Star auf der Sandbahn, obwohl er - sowenig atlethisch gebaut und so beleibt - kaum zum Idol gemacht war. Dank der Unterstützung des argentinischen Präsidenten Peron wird er bald der wichtigste Repräsentant des Sports seines Landes in Europa. Es ist die Zeit des Nachkriegs und des Wiederaufbaus. Die Piloten heissen Varzi, Nuvolari, Wimille und Farina, und dann, nach und nach, Moss, Collins, Hawthorne, Musso, Brabham, Bonnier und v.Trips. Das sind Jahre des Triumphes für Fangio, aber auch grosser Trauer um den Verlust lieber Freunde: zuerst Varzi, dann Wimille und schliesslich Musso beim Großer Preis von Frankreich.
Mit 47 Jahren hört Fangio mit dem Rennsport als fünffacher Weltmeister der Formel 1 und mit 24 Großer Preis-Siegen auf. Er stirbt 1995.

von Paris bis nach Italien am Steuer saß, weil alle Flüge nach Mailand wegen Nebel ausfielen. Noch 24 Stunden vorher war er in Irland auf einem BRM in der Formel 2 gefahren. Doch er hatte schon einen Vertrag mit Maserati in der Tasche und den wollte er einhalten und am Großer Preis von Italien teilnehmen. Todmüde nach einer Nacht im Auto, startete er in der letzten Reihe, ohne

ENZO FERRARI UND J.M. FANGIO

Enzo Ferrari ist allseits als unumschränkter Herr seines Stalls und fürsorglicher Vater seiner Fahrer bekannt. Als er merkte, daß die Zeiten dafür zu Ende gingen, zog er sich in sein Büro nach Maranello zurück und überließ die Leitung seiner Fabrik und seines Teams anderen.
Sein letzter "Sohn" war Gilles Villeneuve, der den Stall und die roten Wagen in eben der Art liebte, wie das Padre-Padrone Enzo von seinen Männern verlangte.
Mit Fangio war alles ganz anders. Enzo Ferrari engagierte ihn, weil er der Beste am Platze war, aber es entstand keine wirkliche Beziehung untereinander. Sie sahen sich nur ein paar Mal und sprachen dann über alles, nur nicht über Autos und Rennen. Das war für Enzo Ferrari absolut unerträglich. Jedoch Fangio gewann, und als er sich für Maserati entschied, tat er das kaltblütig und kalkuliert. Er wollte noch siegen und mehr verdienen. Und so kam es auch: Maserati gestand ihm alles zu, was er verlangt hatte, und er gewann seinen letzten Weltmeistertitel auf dem Nürburgring vor den beiden Ferrari von Collins und Hawthorn.

Juan Manuel Fangio am Steuer seines Alfa Romeo 159

JACQUES VILLENEUVE

Am 9. April 1971 wird er in St. Jean de D'Iberville (Kanada) als Sohn des vielleicht von den Ferrari-Fans am meisten verehrten Piloten, Gilles Villeneuve, geboren.
Mit 15 beginnt er seine Laufbahn in Kanada in der Formel Ford 1600 und dann in der F 2000.
1988 siedelt er nach Europa über und nimmt an der Meisterschaft in der Grand-Tourisme-Klasse auf Alfa Romeo und im folgenden Jahr in Italien an der Formel 3 teil. In der F3 sind keine besonderen Erfolge zu verzeichnen.
1992 geht er nach Japan und wird in der F3 Zweiter. In der Folgezeit fährt er in der Formel Atlantic in Kanada und dann in der Formel Indy. 1994 wird er Sechster der Indy-Meisterschaft, bei der er um ein Haar das mythische 500-Meilen-Rennen von Indianapolis gewinnt und den Sieg in Road Atlanta erringt.
1995 holt er sich die 500 Meilen und in triumphaler Weise den Meistertitel der INDY CAR als jüngster Pilot in der Geschichte.
Dann im August die Pressemitteilung: Jacques Villeneuve nimmt 1996 an der Formel-1-Weltmeisterschaft für Williams teil.
Das ist die großartige Rückkehr nach Europa eines jungen, hochbegabten Fahrertalents, das es vorgezogen hatte, auf einem anderen Kontinent und in einer anderen Monoposto-Kategorie sich unter Beweis zu stellen, anstatt sich den Namen seines berühmten Vaters zunutze zu machen.

**Unten: Jacques Villeneuve bei der Formel Indy.
Darunter: Gilles Villeneuve am Steuer seines F1-Ferrari.**

MICHAEL SCHUMACHER

Michael wurde am 3. Januar 1969 in Huerth-Henerlheim geboren, an der deutsch-belgischen Grenze.
Mit 14 wird er Deutscher Juniorenmeister im Go-Kart, ebenso im folgenden Jahr, wo er auch Weltmeisterschaftszweiter wird. 1987 wird er Deutscher und Europameister im Kart.

1988
steigt er bei den Rennwagen ein und beginnt eine neue Serie von Erfolgen:

1988
Deutscher Formel König-Meister
Vierter der Deutschen Formel Ford
Zweiter der Europa Formel Ford

1989
Deutscher Vizemeister der Formel 3

1990
Deutscher Meister der Formel 3

Fünfter bei der Meisterschaft der Prototypen (auf Mercedes) und Sieger

...und da sagt man, daß keiner den Michael mag!

Michael Schumacher auf dem Treppchen beim GP von Belgien 1993: sein 1.Sieg in der Formel 1.

in Mexico City.

1991
Einstieg in die F1, Debüt beim Großer Preis von Belgien auf Jordan; doch schon beim nächsten Rennen in Monza, ist er Benetton-Pilot und wird bei seinem ersten Rennen für das anglo-italienische Team Fünfter.

1992
1. F1-Sieg in Spa (Belgien).

1993
2. F1-Sieg beim Großer Preis von Portugal

1994
Sieg beim Großer Preis von Brasilien, San Marino, Monte Carlo, Kanada, Frankreich, Ungarn, Europa und des Pazifik und damit Weltmeister trotz Disqualifizierung bei drei Großer Preis (Belgien, Portugal und Italien).

DAMON HILL

Wie Villeneuve ist auch er Sohn eines grossen Piloten: Damon Hill, der Sohn von Graham Hill, dem "König von Monte Carlo", dem Gentleman der F1 und zweifachem Weltmeister von 1962 und 1968.
Damon wurde am 17.September 1960 in London geboren, ist verheiratet und hat drei Kinder. Er stieß relativ spät zum Rennsport, begann mit 23 auf dem Motorrad. Ein Jahr später wechselt er zum Automobilsport: F Ford 1600, F3, F 3000 sind die Stationen vor der Formel 1, zu der er 1992 stößt. Zuerst (bei Brabham) wird er Testfahrer; bei Williams (1993) dann Pilot der Meisterschaft, wo er den 3. Platz belegt. 1994 wird er Vizeweltmeister und liefert sich mit Schumacher ein begeisterndes Duell, das mit ihrem Unfall in Australien endet.

oben: Graham Hill, geb. 1929
unten: sein Sohn Damon, geb. 1960

NIGEL MANSELL

Als Mansell 1994 zwischen zwei Rennen der INDY CAR-Meisterschaft in den USA nach Europa zurückkehrt, um den Großer Preis von Frankreich zu fahren, stürzen sich Frenseh- und

Zeitungsreporter auf ihn, als würde kein anderer sonst in der F1 existieren.
Dann kommt der alte Löwe in Australien wieder auf's Treppchen der F1 - dank auch des Unfalls von Hill und Schumacher - und wird wiederum Hauptattraktion von Presse und TV. Und endlich die Nachricht: Mansell kehrt definitiv zur F1 zurück und fährt in der Saison 95 für McLaren.
Aber diese Rückkehr ist alles andere als positiv, ist schlecht geplant und zudem mit einem Wagen ausstaffiert, der noch längst nicht auf der Höhe der Situation ist und mindestens noch eine Saison lang getestet hätte werden müssen.
Eine große Enttäuschung auch für Nigel, der anderes gewohnt ist, als irgendwelche Rechtfertigungen - wie die von der engen Fahrerkabine - herauskramen zu müssen.
Eine Enttäuschung auch für die Konstrukteure von Mercedes, deren Motoren sonst vornweg sind. Und eine Enttäuschung für das Publikum, das - nach dem Ausscheiden Prosts und dem Tod Sennas - nach einer Alternative zu Schumacher sucht, nach einem aggressiveren und populäreren Mann, als es der gewiss sympathische aber rielleicht etwas konturlose Hill ist.

1995: Nigel Mansell und seine Frau bei der Präsentation von McLaren. Es sah alles so einfach aus, stattdessen... welche Enttäuschung!

Addio Lotus!

Am 16. Dezember 1982 stirbt Colin Chapman, eine der bedeutendsten Persönlichkeiten der F1, und das ist der Anfang vom Ende der Prestigefirma Lotus, deren Pforten sich endgültig 1995 schließen. Die herrlichen dunkelgrünen, später wegen des Sponsors schwarzen Wagen werden auf den Rennstrecken in aller Welt nicht mehr zu sehen sein. Ein schwerer Verlust für den Motorsport, denn Lotus und Chapman hatten in jeder Saison für Neuigkeiten gesorgt, und nicht nur für technische. Einige seien hier in Erinnerung gerufen: die liegende Position der Piloten, die flache, stromlinienförmige Wagen ermöglichte, die Einführung der Querruder, die Gewinnung mächtiger Sponsoren, das amerikanische Abenteuer in Indianapolis 1963, der Sieg bei den 500 Meilen 1965. Und dann die Piloten von Jim Clark bis Ayrton Senna, letzter Sieger auf einem Lotus 1987 in Detroit. Colin Chapman und Enzo Ferrari sind ohne Zweifel die beiden grossen Männer der Formel 1; Chapman zeichnet sich insbesondere durch eine einzigartige Phantasie aus. Als Techniker war er auf der ständigen Suche nach Innovationen, die oft auch zurecht wegen zu großer Gefährdung der Piloten auf harte Kritik stiessen. Die Tendenz zur Tempsteigerung um jeden Preis und zur Verringerung des Wagengewichts führten zum Bau immer leichterer Modelle mit hauchdünner Karosserie, die nur durch übergroße Querruder hinten und vorn auf der Piste gehalten werden konnten. Das war absolut innovativ und wurde von allen Ställen übernommen und weiter perfektioniert.
Um solche Experimente machen zu können, war es für Chapman unerlässlich, daß seine Piloten in jedem Moment der Konstruktion, vom Entwurf bis zum ersten Test, zur Verfügung standen.
Der große Jim Clark war zweifellos der Pilot, der am engsten mit dem Lotus-Chef zusammenarbeitete.
Die Namen Clark und Chapman stehen dann auch für die entscheidende

TEILNAHME AN GP: 490
POLE POSITION: 107
SIEGE IM GP: 79

WELTMEISTER DER PILOTEN

J. CLARK (1963)
J. CLARK (1965)
G. HILL (1968)
J. RINDT (1970)
E. FITTIPALDI (1972)

WELTMEISTER DER AUTOKONSTRUKTEURE

1963-1965-1968-1970-1972
1973-1978

Colin Chapman, Gründer von Lotus. Der erste Monoposto des Hauses geht 1958 in Monte Carlo an den Start, wo Stirling Moss zwei Jahre später Sieger wird.

Foto (Mitte):
Graham Hill 1968 am Steuer des Lotus "Gold Leaf" mit dem Querruder hinten.

Wende in der F1-Technologie.

Die wichtigsten Etappe der Geschichte des Hauses Lotus:
- 1948 Beginn der Aktivitäten im Bereich des Motorsports
- 1958 Debüt in der F1 in Monte Carlo, am Steuer Hill
- 1960 GP von Monte Carlo: Sieg mit Stirling Moss und Debüt von Jim Clark beim GP von Holland
- 1962 J. Clarks erster Sieg beim GP von Belgien
- 1963 J. Clark wird Weltmeister der Fahrer, Lotus der Konstrukteure
- 1965 der Lotus von Clark gewinnt die 500 Meilen von Indianapolis
- 1965 wieder Weltmeistertitel für Clark und Lotus
- 1968 Weltmeistertitel für Graham Hill und Lotus
- 1970 Sieg in der Weltmeisterschaft von Jochen Rindt, 4. Titel für Lotus
- 1972 geht der Titel an Emerson Fittipaldi und zum fünften Mal an Lotus
- 1973 erneuter Titelgewinn für Lotus (mit Fittipaldi und dem Schweden Peterson)
- 1978 gewinnt Lotus zum letzten Mal den Titel der Konstrukteure und den vorletzten Fahrertitel mit Mario Andretti
- 1987 ist es dann Senna, der in Detroit den letzten F1-Sieg für seinen Stall holt.

Es war vorher schon von dem erbitterten technologischen Ehrgeiz bei Lotus und von den ideenreichen Erfindungen Chapmans die Rede gewesen, die oft Gegenstand schärfster Kritik waren, besonders wegen der Unfälle der Lotus-Wagen, die aber nicht alle von den Maschinen verursacht wurden.

So ist es wohl nur gerecht, wenn an dieser Stelle neben den großen Erfolgen des Hauses nun auch eine Bilanz auf der tragischen Seite gezogen wird:
- 1961 kommt es in Monza zu einem Unfall zwischen Clarks Lotus und dem Ferrari von v. Trips, wobei dieser aus der Parabolica-Kurve rutscht und tödlich verletzt wird. Mit ihm sterben 14 Zuschauer.
- 1962 wird Stirling Moss im Probelauf das Opfer eines furchtbaren Unfalls, was ihn seine Karriere als Pilot kostet.
- 1968 wird Jim Clark auf dem Hockenheim tödlich verletzt und Mike Spence bei den Proben zu den 500 Meilen.
- 1970 verunglückt Jochen Rindt beim Probelauf für den Großer Preis von Italien in Monza tödlich.
- 1978 starb der Schwede Ronnie Peterson kurz nach dem Start des Großer Preis von Italien in Monza.

Links oben: Der Lotus in Schwarz, wie es der Sponsor Jon Player wünschte, gewinnt zum siebten und letzten Mal den Cup der Konstrukteure. Der Pilot, Mario Andretti, wird Fahrer-Weltmeister. Unten: einer der letzten Lotus beim GP, hier in Monte Carlo mit dem italienischen Fahrer Zanardi.

Zwölf Uhr mittags

Alljährlich finden die wichtigsten Manöver und Auseinandersetzungen zwischen Piloten und Ställen um die Verträge der nächsten Saison im heißen Monat August statt. Dieses Jahr war es eine einzige Stunde im August, die dafür gesorgt hat, daß die drei mächtigsten Teams der Formel 1 mit einem Sensationscoup alle Pläne für die kommende Meisterschaft durcheinanderbrachten und die Gagen der Piloten in den Himmel schossen. Seit mindestens zwei Monaten waren schon Verhandlungen im Gange, doch ein solches Gedrängen dicht aufeinanderfolgender Pressemitteilungen großen Kalibers - das hat's Mitte August noch nie gegeben.

12 Uhr 10
Ferrari teilt in zwei Zeilen kurz und bündig mit, daß die Nummer Eins der F1, Michael Schumacher, beim Team aus Maranello einen Vertrag für 1995 und 1996 unterschrieben hat.

12 Uhr 53
Mit einem etwas längeren Kommuniqué kündigen Briatore und Benetton an, dass in den nächsten zwei Saisons Jean Alesi der Pilot Nr.1 auf Benetton sein wird.

13 Uhr
Mit angelsächsischer Pünktlichkeit informiert Williams, daß die Piloten 1996 Hill und der INDY CAR-Meister Villeneuve sein werden.

Sportjournalisten aus aller Welt heben mit Bezug auf die Verhandlungsergebnisse hervor, daß der Vertrag zwischen Ferrari und Schumacher der teuerste in der Geschichte der Formel 1 ist. 25 Millionen Dollar pro Saison für zwei Jahre. Die nicht weniger als 160 Seiten des Vertrags wurden aufgesetzt von dem Schweizer Rechtsanwalt Henry Peter aus Lugano, der Ferrari vertritt, und von Michael Schumachers Manager Willy Weber - unter den wachsamen Augen von Schumis allgegenwärtigem PR-Manager Mc Cormak.

Persönlichkeiten, die in der einen oder anderen Weise 1995 die Formel 1 geprägt haben. Von oben links: Flavio Briatore, Benetton-Manager; Michael Schumacher, höchstbezahlter Ferrari-Pilot 1996; Jean Alesi, Nachfolger Schumis bei Benetton. Unten: Gerhard Berger, 1996 noch Teamkollege von Alesi; Damon Hill verfügt 1996 über die beste Maschine der F1; Jacques Villeneuve, Sohn des unvergessenen Gilles, fährt 1996 einen Williams; Jean Paul Todt, umstrittener Ferrari-Manager.

Apropos Auftanken

Seit 1994 wird während des Rennens aufgetankt. Einmal, um die Ausmasse des Tanks zu begrenzen und damit zur Erhöhung der Sicherheit beizutragen, zum anderen um die Rennen zu beleben, die in den letzten Jahren aufgrund der Überlegenheit der grossen Teams der Monotonie verfielen.

Das Auftanken an den Boxen erfolgt mittels einer Anlage, die von Intertechnique (Frankreich) entwickelt wurde, einer bereits im Flugsektor erprobten Firma, dsie der Hauptlieferant von Ausrüstungen zum Auftanken in der Luft ist.

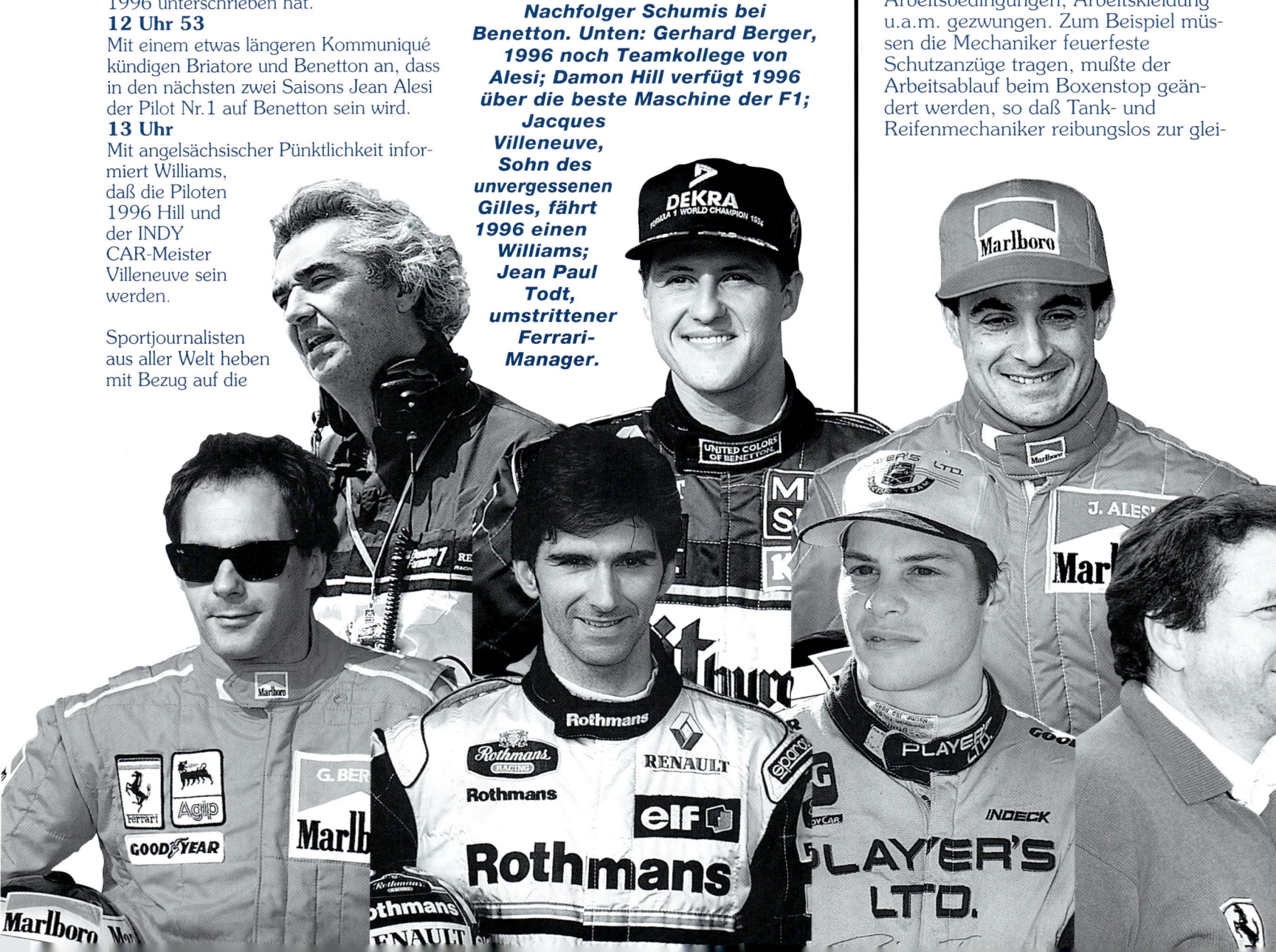

Die Einführung der Neuerung, an den Boxen aufzutanken, hat die Teams zur Reorganisierung der Arbeitsbedingungen, Arbeitskleidung u.a.m. gezwungen. Zum Beispiel müssen die Mechaniker feuerfeste Schutzanzüge tragen, mußte der Arbeitsablauf beim Boxenstop geändert werden, so daß Tank- und Reifenmechaniker reibungslos zur gleichen Zeit eingreifen können. Und schließlich das Transportproblem. Jede Tankanlage wiegt ca. 600 Kilo. Einige Teams verfügen nur über eine, andere aber haben zwei oder drei. Das erhöht ganz beachtlich das ohnehin schon strapazierte Budget und erfordert zusätzlichen Raum in den ohnehin schon zu engen Boxen wie z.B. in Monte Carlo.

Technische Daten zur Tankanlage:

- **Ausmasse:** 100x100x186
- **Gewicht:** 600 kg
- **Tankinhalt:** 220 l Benzin
- Die **Pumpe** gibt den Treibstoff mit einem Druck von 2,0 Bar an den Wagen ab
- **Menge:** 12 l pro Sek.
- Der **Schlauch** besteht in Wirklichkeit aus zwei Schläuchen, einer zur Benzinabgabe, einer - der äussere - zum Absaugen von Luft und Gasen im Autotank

Eddie Jordan: eine gute Nase für Talente

Unten: Das Mundstück der Pumpe zum Schnelltanken hat in den letzten beiden Saisons 1994/95 nicht wenig Probleme gemacht.

Links: Eddie Jordan, Eigentümer des irischen Stalls

Es mußte ja mal gesagt werden: der Mann mit der guten Nase für vielversprechende F1-Talente ist ohne Zweifel Eddie Jordan. In 5 Jahren Großer Preis hat sein Team 14 Piloten ausprobiert, und zwar:

1991 De Cesaris, Gachot, Schumacher, Moreno und Zanardi
1992 Modena und Gugelmin
1993 Barrichello, Capelli, Boutsen, Apicella, Naspetti und Irvine
1994 Barrichello, Irvine, De Cesaris und Suzuki
1995 Barrichello, Irvine

Wieviel wiegen die Piloten?

Fahrer	Kg
Alesi	73,5
Barrichello	75,5
Berger	80
Blundell	78,5
Frentzen	68,5
Gachot	84
Hakkinen	75
Herbert	68,5
Hill	75,5
Irvine	73,5
Katayama	64,5
Martini	71
Morbidelli	64
Panis	77
Schumacher	77
Verstappen	72
Wendlinger	84

Unten: Thierry Boutsen auf dem Jordan (1993)

Ferrari

Die Piloten von Ferrari

Mit Michael Schumacher und Eddie Irvine sind es 59 Fahrer, die Ferrari verpflichtet hat, und zwar:

1950
Ascari, Villoresi, Sommer, Serafini, Whitehead

1951
Ascari, Villoresi, Gonzalez, Taruffi

1952
Ascari, Farina, Villoresi, Taruffi, Whitehead

1953
Ascari, Farina, Villoresi, Hawthorn

1954
Farina, Gonzalez, Hawthorn, Maglioli, Trintignant, Manzon

1955
Hawthorn, Trintignant, Farina, Maglioli, Gonzales

1956
Fangio, Collins, Castellotti, Musso, Gendebien, De Portago, Trintignant

1957
Collins, Hawthorn, Musso, Trintignant, Perdisa, Castellotti, De Portago, Von Trips

1958
Hawthorn, Collins, Musso, Von Trips, P. Hill, Gendebien

1959
Brooks, P. Hill, Behra, Gurney, Allison, Gendebien

1960
P. Hill, Von Trips, Ginther, Allison, Mairesse

1961
P. Hill, Von Trips, Ginther, Baghetti, Mairesse

Die Namen der abgebildeten Fahrer sind kursiv gedruckt

1962
P. Hill, Mairesse, Baghetti, Bandini, R. Rodriguez

1963
Mairesse, Surtees, Bandini, Scarfiotti

1964 E 1965
Surtees, Bandini

1966
Surtees, Bandini, Scarfiotti, Parkes

Teilansicht des Ferrari 500 F2, mit dem Alberto Ascari 1953 den Weltmeistertitel eroberte

Alberto Ascari

Luigi Villoresi

1967
Bandini, Amon,
Parkes, Scarfiotti

1968
Ickx, Amon,
De Adamich

1969
Amon,
P. Rodriguez

1970
Ickx, Giunti,
Regazzoni

**1971
E 1972**
Ickx, Regazzoni,
Andretti

**1974
E 1975**
Lauda, Regazzoni

1976
Lauda, Regazzoni,
Reutemann

1977
Lauda, Reutemann,
Villeneuve

1978
Reutemann,
Villeneuve

**1979
E 1980**
Scheckter,
Villeneuve

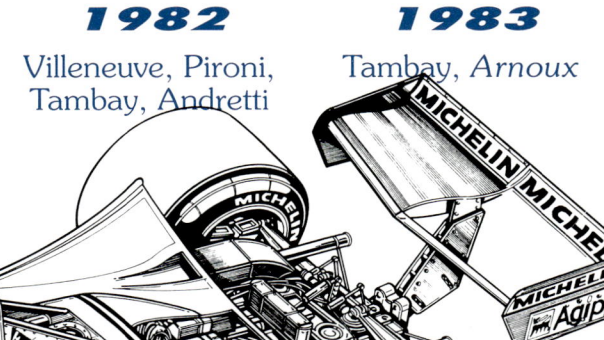

1982
Villeneuve, Pironi,
Tambay, Andretti

1983
Tambay, *Arnoux*

1984
Alboreto, Arnoux

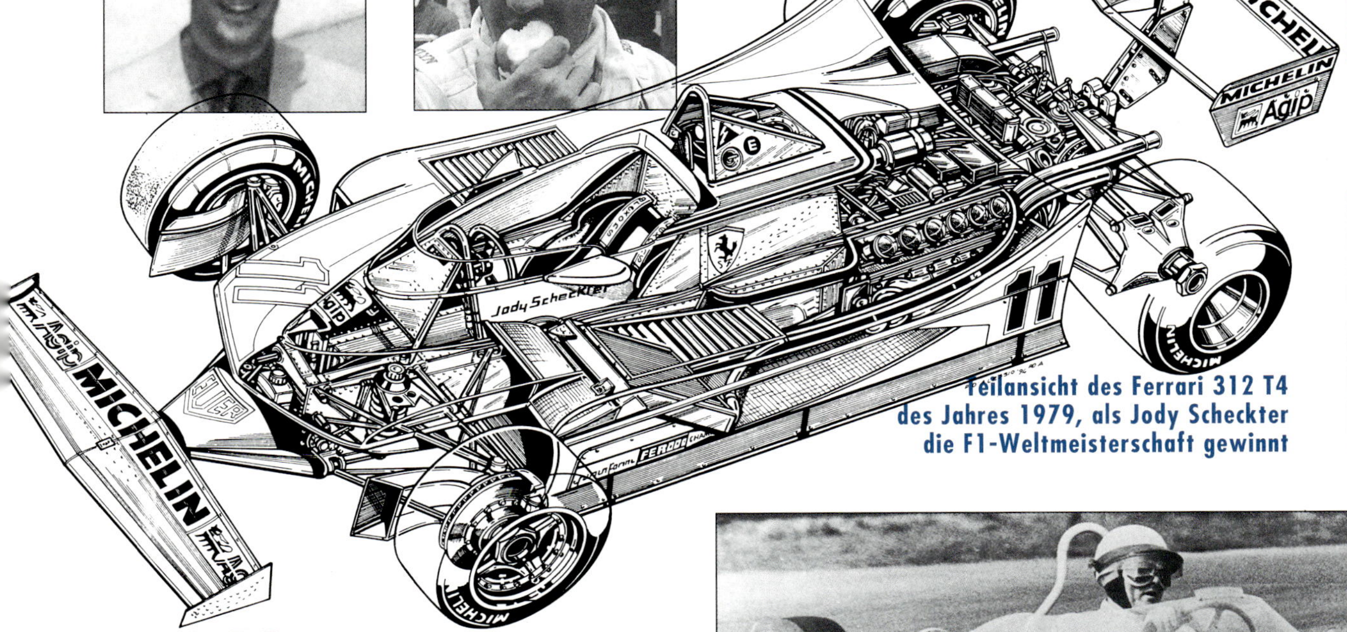

1973
Ickx, Merzario

1981
Villeneuve, Pironi

Wolfgang Von Trips

Alfonso De Portago

Teilansicht des Ferrari 312 T4 des Jahres 1979, als Jody Scheckter die F1-Weltmeisterschaft gewinnt

Phil Hill

John Surtees

Lorenzo Bandini

Ludovico Scarfiotti

1985
Alboreto, Arnoux, *Johansson*

1986
Alboreto, Johansson

1987 E 1988
Alboreto, *Berger*

1989
Mansell, Berger

1990
Prost, Mansell

1991
Prost, Alesi, Morbidelli

1992
Alesi, *Capelli*, Larini

1993
Alesi, Berger

1994
Alesi, Berger, Larini

1995
Alesi, Berger

1996
Schumacher, Irvine

Chris Amon

Andrea de Adamich

UNTER TECHNISCHEM ASPEKT

Am Vorabend der Saison 1995 gaben alle, aber auch alle Prognosen Williams als wahrscheinlichen Sieger. Wieder einmal hatte das anglo-französische Team den eindeutig besten Wagen, und viele waren der Ansicht, daß Benetton mehr als ein Problem beim Umsteigen vom alten Acht-Zylinder-Ford auf den V-10-Renault haben würde. Die Jagd nach dem Titel der F1 schien im Grunde ein leichtes Spiel für Hill, Coulthard und den Monoposto FW/17.

Stattdessen geschah, was oft paßiert - die Fakten widersprachen den Vorhersagen: Benetton hat den Tisch komplett abgeräumt mit dem Fahrertitel für Michael Schumacher und der Weltmeisterschaft der Konstrukteure für sich selbst. Es brauchte also nur ein Jahr, daß das Team unter Leitung von Flavio Briatore die Rangfolge umkippte und Williams die seit 1991 andauernde Führung entriss. Hut ab vor Benetton also, auch wenn Tabelle und Resultate nicht immer die ganze Wahrheit sagen. Denn, wenn auch am 2. Titel Schumachers absolut nichts zu beanstanden ist, so gilt das nicht gleichermassen für den Titel der Konstrukteure. Im Unterschied zum Tabellenendstand halten nämlich die Sachverständigen dafür, daß, was das Verhältnis Fahrgestell (Williams)/Motor (Renault) angeht, Williams die ideale Kombination hat, die technisch ausgeklügelt und eigentlich konkurrenzlos ist. Wenn dann am Ende des Jahres die Krone dennoch an Benetton ging, so liegt das an dem hohen Grad von Professionalität der von Briatore geführten Mannschaft und dann auch und vor allem am Chaos im Stall von Williams. In einer einzigen Saison hat das Ex-WM-Team alle nur möglichen Fehler begangen: miserabler Personaleinsatz, unverzeihliche Fehler an den Boxen und eine mangelhafte Strategie und Taktik im Rennen. Ein Leichtsinn, der dem Stall von Frank Williams in der Vergangenheit schon drei WM-Titel gekostet hat, was wieder einmal zeigt, dass sich schlechte Angewohnheiten nur schwer oder gar nicht ablegen lassen.

Darüber könnte auch Ferrari einiges erzählen, denn der Stall aus Maranello muß schon geschlagene siebzehn Jahre ohne Titel auskommen, weshalb man seit 1980 regelmässig davon hört, daß es nun aber wieder richtig losgehe, daß das Team revolutioniert werde, daß die Mannschaft aufgestockt werde, daß und daß...

Doch seit siebzehn Jahren ist das Ergebnis dasselbe: Die roten Ferrari spielen nur noch die zweite Geige, sind ein Reserve-Team, das sich mit den Krümeln vom Tisch der ganz Grossen - die heute Benetton und vorher McLaren und Williams hießen - zufriedengeben muß. Da nun auch der Traum vom 95er Titel ausgeträumt ist, bleiben nur noch die Hoffnungen auf's nächste Jahr, wenn der amtierende Weltmeister mit der Nummer 1 auf die roten Renner umsteigt. Doch wichtiger noch als der deutsche Champion wird sein, was der neue V/10 aus Maranello unter Beweis stellt. Wenn es den Technikern von Ferrari tatsächlich gelingt, ein dem Renault vergleichbares Auto auf die Piste zu bringen, dann könnten Italiens Träume nicht nur Schäume sein. Anderenfalls wird Ferrari noch lange im Fegefeuer schmoren, lange noch...

Wenn schon Ferrari keineswegs glücklich ist über die zu Ende gegangene Saison, was soll dann erst McLaren sagen. Das Team von Ron Dennis, das Mitte der Achtziger praktisch den Ring monopolisiert hatte (1988 gewann man mit dem Duo Senna/Prost 15 von 16 Rennen), ist nur noch der Schatten seiner selbst.

Im Verlauf des Jahres 1995 haben wir drei verschiedene Modelle gesehen, Schäden und Kapitulationen in Serie erlebt, was einem Team dieser Klasse nicht würdig ist und bestenfalls dem Mittelfeld ansteht. Wie seit 17 Jahren im Hause Ferrari hört man nun auch bei McLaren von Neuaufschwung etc. reden und hier und da von der Auswechselung von Ron Dennis durch den viermaligen Weltmeister Alain Prost - vor allem aus der Richtung von Mercedes, wo man langsam nicht mehr leer ausgehen will, und von Roger Penske, dem US-Magnaten, Besitzer eines Go-Kart-Teams und schließlich auch Mitglied des Aufsichtsrats bei McLaren und Philip Morris...

Verschlimmert wurde die Krise bei McLaren noch durch das mehr als akzeptable Abschneiden von Jordan. Mit den Motoren, die bei Rob Dennis nicht auf Gegenliebe gestoßen waren, fuhren Rubens Barrichello und Eddie Irvine recht gute Leistungen heraus - und das alles bei einem - im Vergleich zu McLaren - wesentlich kleineren Budget. Mit dem Gespann Jordan/Peugeot schließt sich der Reigen der Top-Teams und der Spitzenwagen. Hinter ihnen kämpft man um einen Platz im Mittelfeld, um den einen oder anderen WM-Punkt, der einen Bonus der FOCA und ein paar Dollars mehr einbringen könnte. Alles andere jedoch, jede Hoffnung auf eine Spitzenposition, ist vergebens. Wenn man zu Beginn der Saison gehofft bzw. befürchtet hatte, die neuen technischen Normen würden den Leistungsabstand verringern, so haben sich die um 500 ccm reduzierten Motoren u.a. nicht mal als kleiner Trost herausgestellt, denn die Niveauunterschiede und die Hierarchie auf der Piste sind unverändert geblieben. Die Schere zwischen den Großen und den Kleinen hat sich nicht geschlossen, im Gegenteil das Gefälle ist noch spürbarer geworden.

Die Kleinen interessieren also immer weniger, und die Tatsache, dass systematisch der exponentielle Kostenanstieg ignoriert wird, von einem dritten Wagen gesprochen wird oder von Motoren mit 100-150 PS weniger als Renault oder Ferrari, sagt schon alles darüber, welchen Weg die Formel 1 in den 90er Jahren einschlagen wird. Die F1 wird vollends zu einer Kategorie der Elite, von ein paar Eingeweihten, der Top-teams, die gleichgültig dem Untergang derer beiwohnen, die lange Jahre der Nährboden, das Fundament gewesen sind.

Paolo D'Alessio

Team Benetton

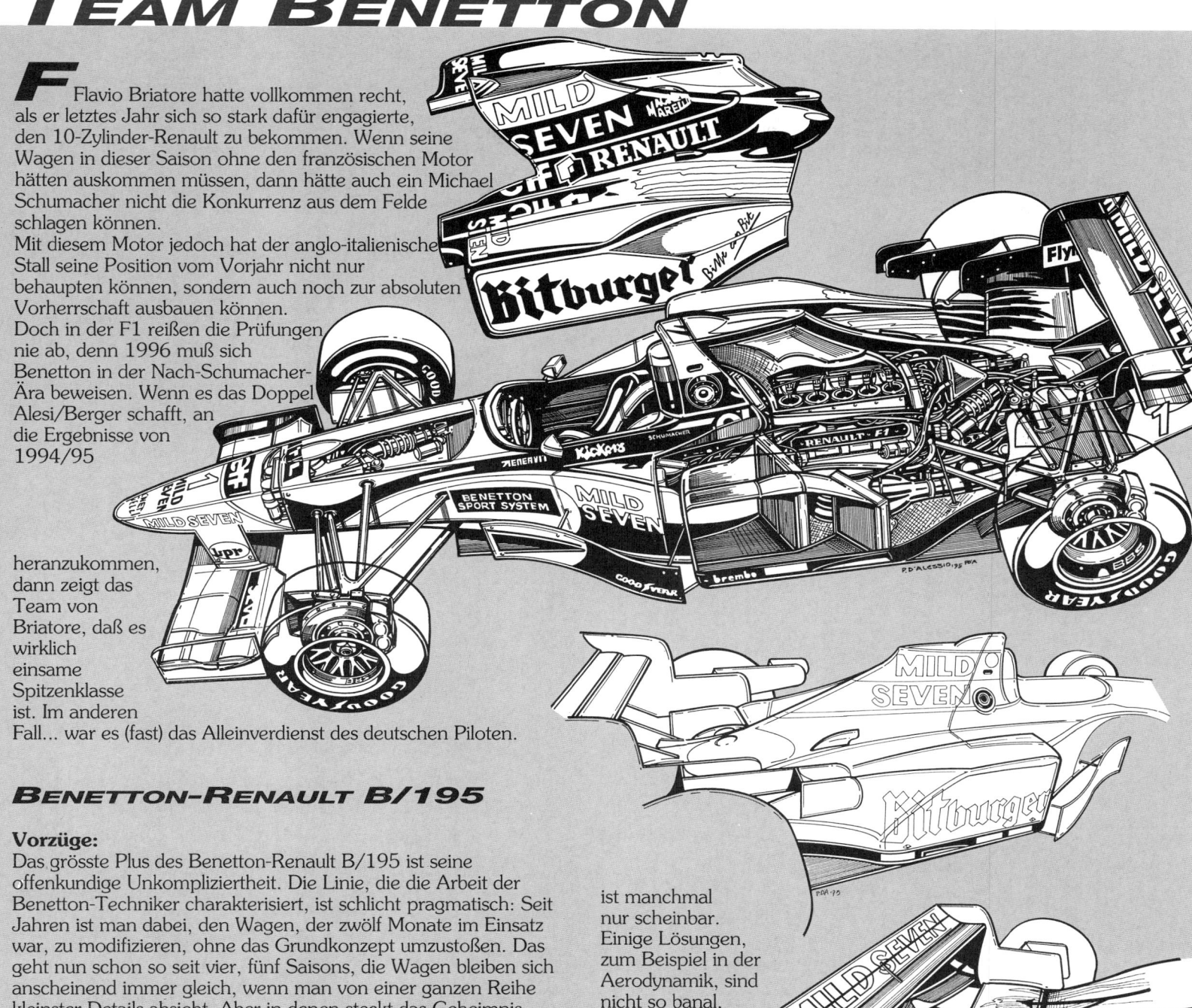

Flavio Briatore hatte vollkommen recht, als er letztes Jahr sich so stark dafür engagierte, den 10-Zylinder-Renault zu bekommen. Wenn seine Wagen in dieser Saison ohne den französischen Motor hätten auskommen müssen, dann hätte auch ein Michael Schumacher nicht die Konkurrenz aus dem Felde schlagen können.

Mit diesem Motor jedoch hat der anglo-italienische Stall seine Position vom Vorjahr nicht nur behaupten können, sondern auch noch zur absoluten Vorherrschaft ausbauen können. Doch in der F1 reißen die Prüfungen nie ab, denn 1996 muß sich Benetton in der Nach-Schumacher-Ära beweisen. Wenn es das Doppel Alesi/Berger schafft, an die Ergebnisse von 1994/95 heranzukommen, dann zeigt das Team von Briatore, daß es wirklich einsame Spitzenklasse ist. Im anderen Fall... war es (fast) das Alleinverdienst des deutschen Piloten.

Benetton-Renault B/195

Vorzüge:
Das grösste Plus des Benetton-Renault B/195 ist seine offenkundige Unkompliziertheit. Die Linie, die die Arbeit der Benetton-Techniker charakterisiert, ist schlicht pragmatisch: Seit Jahren ist man dabei, den Wagen, der zwölf Monate im Einsatz war, zu modifizieren, ohne das Grundkonzept umzustoßen. Das geht nun schon so seit vier, fünf Saisons, die Wagen bleiben sich anscheinend immer gleich, wenn man von einer ganzen Reihe kleinster Details absieht. Aber in denen steckt das Geheimnis dafür, daß das Team zur Weltspitze aufrücken konnte.
Wenn sich dann zu diesem Pragmatismus die Fähigkeit gesellt, schmerzlos vom Acht- auf den Zehnzylinder umzusteigen, ist die Sache gelaufen. Noch eine Kuriosität zum Schluss: Von allen Spitzenwagen ist der B/195 von Benetton der einzige mit einem Triebwerk in leichter Schräglage (0,5 Grad) und asymmetrischen Strahlungsblöcken an den Flanken.

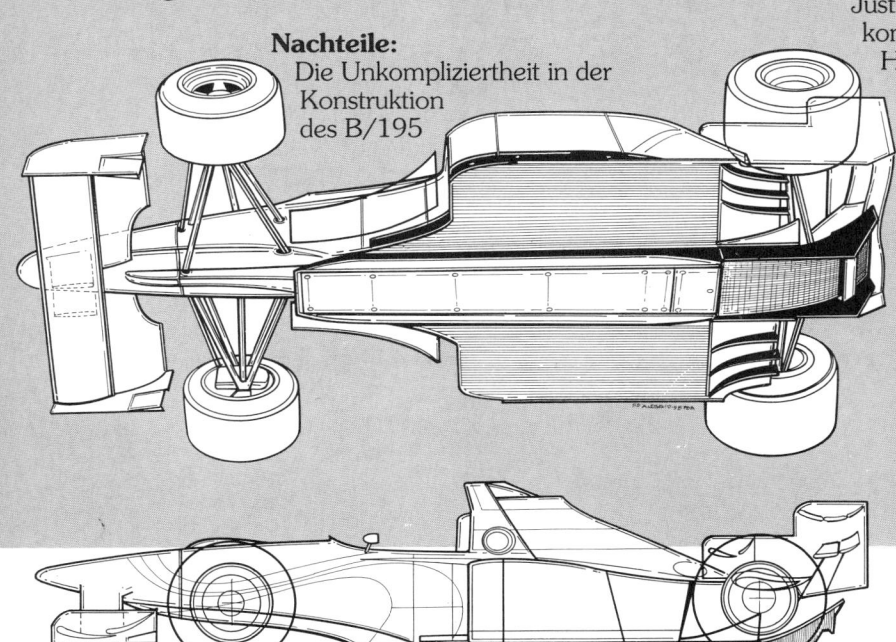

Nachteile:
Die Unkompliziertheit in der Konstruktion des B/195 ist manchmal nur scheinbar. Einige Lösungen, zum Beispiel in der Aerodynamik, sind nicht so banal, wie sie aussehen mögen, und es ist gerade ihre Komplexität, die zu Beginn der Meisterschaft ein paar Fehlschläge verursacht hat. Die Justierung der komplexen Hinterachse beispielsweise hat viel Zeit und das Team einige wertvolle Punkte gekostet. Dabei handelte es sich aber um eine momentane Schwierigkeit, die nach dem unglücklichen Großer Preis von San Marino auch schon vorüber war.

ILLUSTRATIONEN:

TEILANSICHT DES WAGENS

DIE ANSICHTEN VON DER SEITE UND VON UNTEN ZEIGEN DEUTLICH DEN GESTUFTEN BODEN UND DAS LEITUNGSSYSTEM VENTURI, UNTERTEILT IN DREI KANÄLE UND DREI VERTIKALDRIFTEN.

AUCH BEIM BENETTON ZEIGT SICH EIN TEIL DER VERKLEIDETEN HINTERACHSENAUFHÄNGUNG.

Team Williams

Seit mindestens fünf Jahren ist das Gespann Williams-Renault das beste aller Teams, was Leistung, Technik und Zuverlässigkeit betrifft. Auch in diesem Jahr hat der anglo-französische Stall einen exzellenten Wagen ins Rennen geschickt, wahrscheinlich den weltweit wettbewerbfähigsten überhaupt. Dennoch und zum zweiten Mal hintereinander wurde der WM-Titel verfehlt. Sicherlich fällt die Verantwortung den Piloten zu, die nicht immer die ihnen zur Verfügung gestellte Maschine optimal ausnutzten. Auf der anderen Seite ist aber auch das Team zum wiederholten Mal durch unverständliche Querelen und Animositäten aufgefallen und hat mal den einen, mal den anderen Fahrer bevorzugt. Mit Ayrton Senna wäre sicherlich alles ganz anders verlaufen, und der verstorbene brasilianische Champion wäre vielleich heute der Fahrer mit den meisten F1-Titeln.

Williams-Renault FW/17

Vorzüge:
Alle technischen Einzelheiten des Williams-Renault FW/17 müssten eigentlich in die Rubrik der Vorzüge aufgenommen werden. Unter den technisch interessantesten Lösungen sollen hier diejenigen aerodynamischen Charakters erinnert werden. 1995 präsentiert sich Williams wie alle anderen wichtigen Konkurrenten mit erhöhter Kühlerhaub, einem über die ganze Breite verlaufenden Flügel, während bei der Hinterachse die spezielle Verkleidung zu erkennen ist. Diese stromlinienförmige Ausführung hat zusammen mit dem Gesamtdesign des Fahrzeugs die Williams-Techniker in die Lage versetzt, die Verminderung der Tragfähigkeit in den Grenzen zu halten, die das neue Reglement vorschreibt, das ja auch einen um 5 cm gestuften Fahrzeugboden vorsieht.

Nachteile:
Einziger Fleck auf der weissen Weste war in der letzten Saison das neue Differential, das anfangs Probleme machte und keine grosse Zuverlässigkeit zeigte. Als negativ kann auch der späte Einsatz der neuen Hinterachse verbucht werden, die seit dem GP von Europa zum Zuge kam und Damon Hill bei seinem Duell mit Schumacher auch schon vorher sehr nützlich gewesen wäre.

ILLUSTRATIONEN:

TEILANSICHT DES FAHRZEUGS

DETAIL DER HINTERACHSE. IM VORDERGRUND IST DIE VERKLEIDUNG DER HALBACHSE ZU ERKENNEN, DIE ZUGLEICH ALS FLÜGELAPPENDIX FUNGIERT.

ZUR HALBZEIT DER SAISON WURDEN DIESE SEITENDRIFTEN EINGEFÜHRT ZUR ERHÖHUNG DER TRAGFÄHIGKEIT HINSICHTLICH DER HINTERACHSE.

DIE NEUE KÜHLERHAUBE DES WILLIAMS WURDE VON DER 1991 AUFGEKOMMENEN LÖSUNG BEI BENETTON INSPIRIERT.

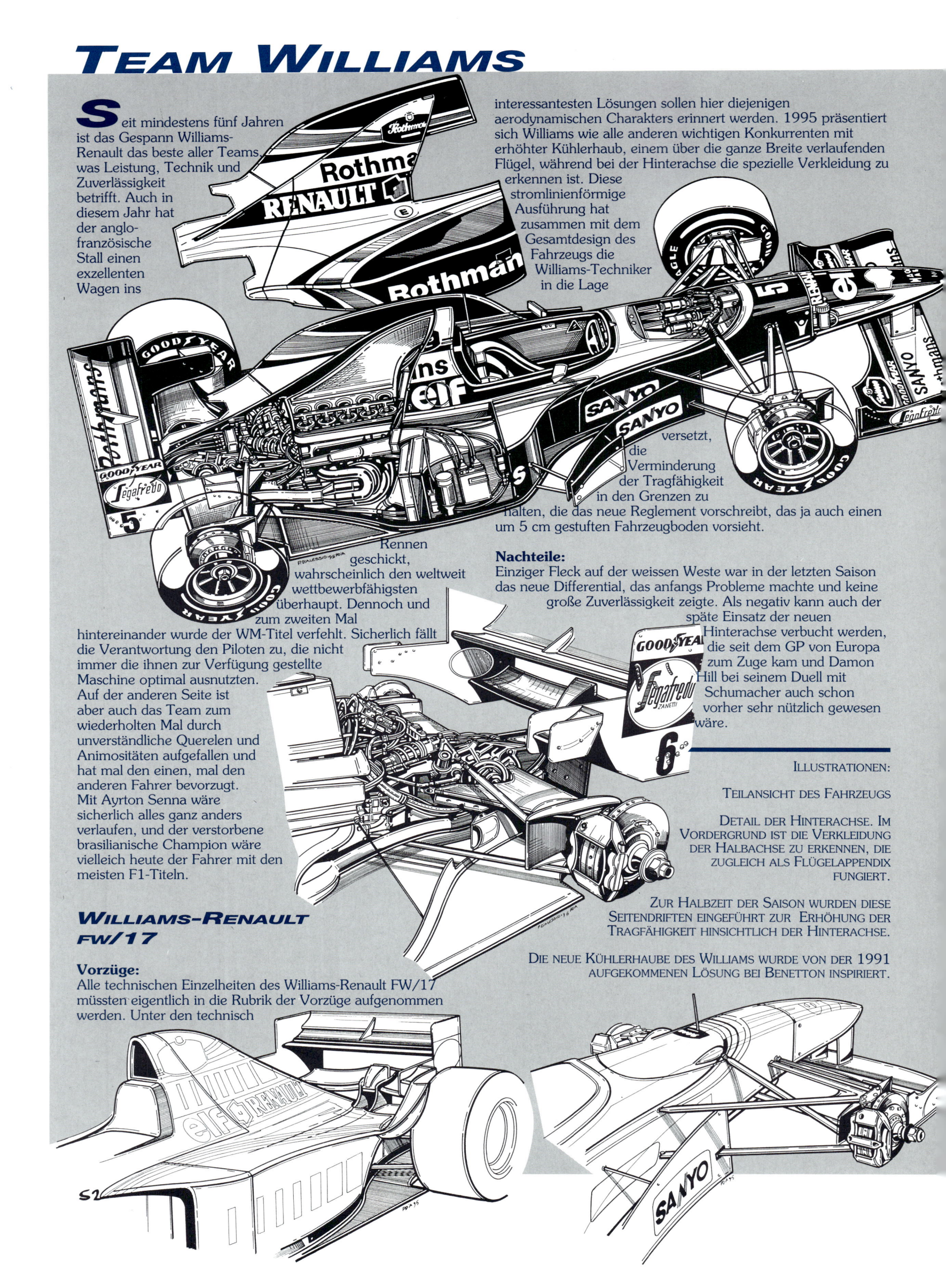

Team Ferrari

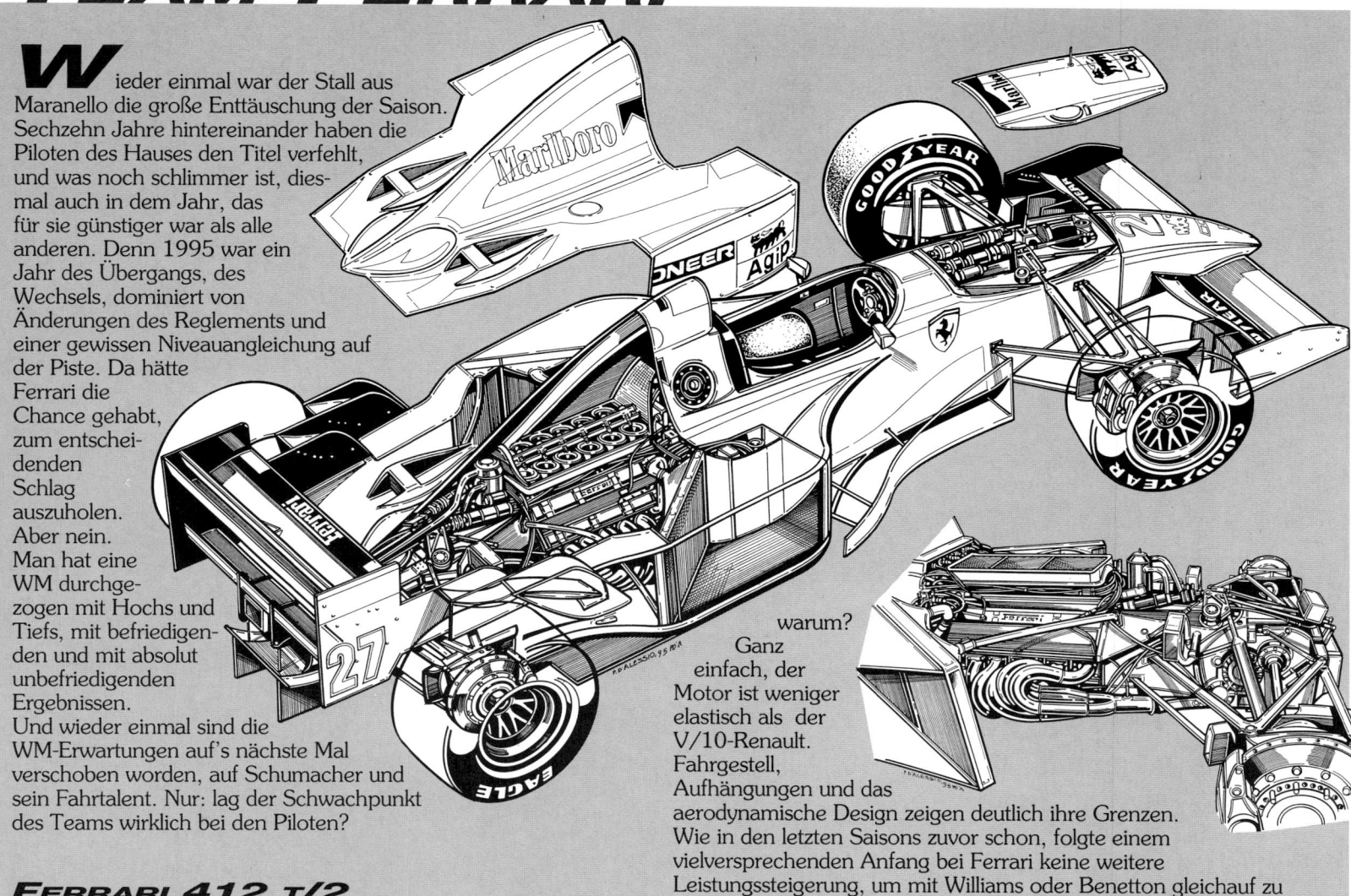

Wieder einmal war der Stall aus Maranello die große Enttäuschung der Saison. Sechzehn Jahre hintereinander haben die Piloten des Hauses den Titel verfehlt, und was noch schlimmer ist, diesmal auch in dem Jahr, das für sie günstiger war als alle anderen. Denn 1995 war ein Jahr des Übergangs, des Wechsels, dominiert von Änderungen des Reglements und einer gewissen Niveauangleichung auf der Piste. Da hätte Ferrari die Chance gehabt, zum entscheidenden Schlag auszuholen. Aber nein. Man hat eine WM durchgezogen mit Hochs und Tiefs, mit befriedigenden und mit absolut unbefriedigenden Ergebnissen. Und wieder einmal sind die WM-Erwartungen auf's nächste Mal verschoben worden, auf Schumacher und sein Fahrtalent. Nur: lag der Schwachpunkt des Teams wirklich bei den Piloten?

Ferrari 412 T/2

Vorzüge:
Es kann keinesfalls verschwiegen werden, daß der Ferrari 412 T/2 gegenüber den vorigen Jahrgängen ganz eindeutig besser ist. Ein Monoposto, im Ganzen konventioneller als der Williams oder der Benetton, aber gerade deswegen leichter auf die Verschiedenheit der einzelnen Pisten abzustimmen. Eben ein Wagen für jedwede Situation.

Nachteile:
Am Anfang der Meisterschaft, als die Techniker sich noch nicht hundertprozentig mit den Reaktionen der einzelnen Fahrzeuge auskannten, konnte der 412 T/2 gut mit seinen Konkurrenten Schritt halten. Aber als die Saison nach dem Grand Prix von Kanada in ihre heiße Phase eintrat und die Teams mit den superschnellen Pisten (mit über 200 km/h durchschnittlich) fertig werden mußten, da waren Alesi und Berger nicht mehr an der Spitze zu sehen. Und warum? Ganz einfach, der Motor ist weniger elastisch als der V/10-Renault. Fahrgestell, Aufhängungen und das aerodynamische Design zeigen deutlich ihre Grenzen. Wie in den letzten Saisons zuvor schon, folgte einem vielversprechenden Anfang bei Ferrari keine weitere Leistungssteigerung, um mit Williams oder Benetton gleichauf zu bleiben. Die Vorteile einer problemlosen Anpassungsfähigkeit an alle möglichen Rennstrecken schlugen auf die Dauer in ihr Gegenteil um, wozu noch das Erschwernis kam, nicht mehr auf den rentenreifen Zwölfzylinder zurückgreifen zu können, der im kommenden Jahr endgültig auf's Altenteil abgeschoben wird. Dann wird Platz sein für den neugeborenen Zehnzylinder, von dem man sich erhofft, daß er weniger schluckt und ein elastischeres Triebwerk als seine Vorgänger hat.

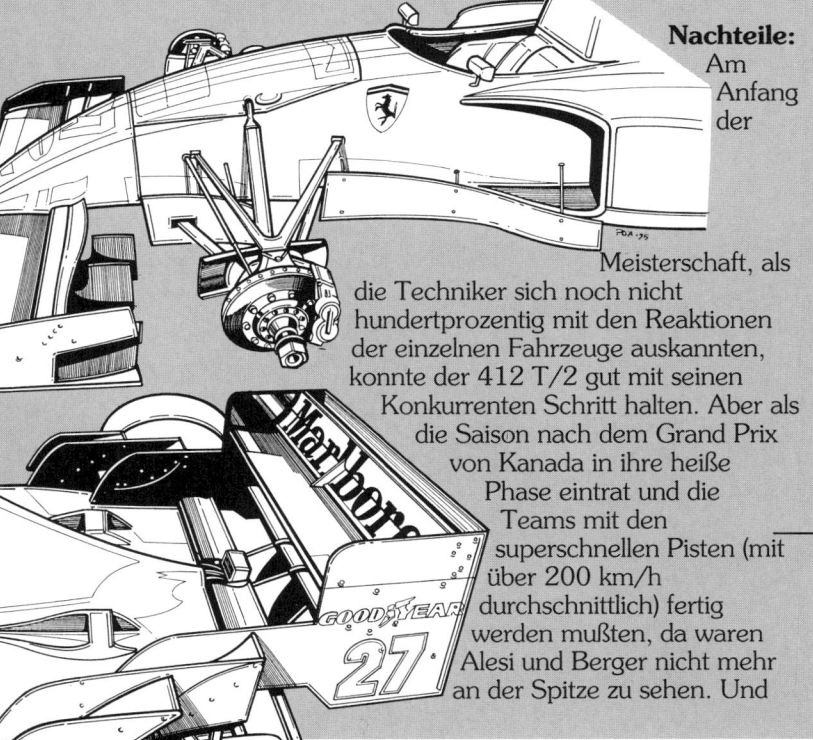

Illustrationen:

Teilansicht des Fahrzeugs

Der Ferrari 412 T/2 ist das einzige Modell, das am unteren Teil der Karosserie ohne coltello auskommt.

Teilansicht der Hinterachse

Beim 412 T/2 ist die Verjüngung der Karosserie in Höhe der Hinterachse kaum angedeutet.

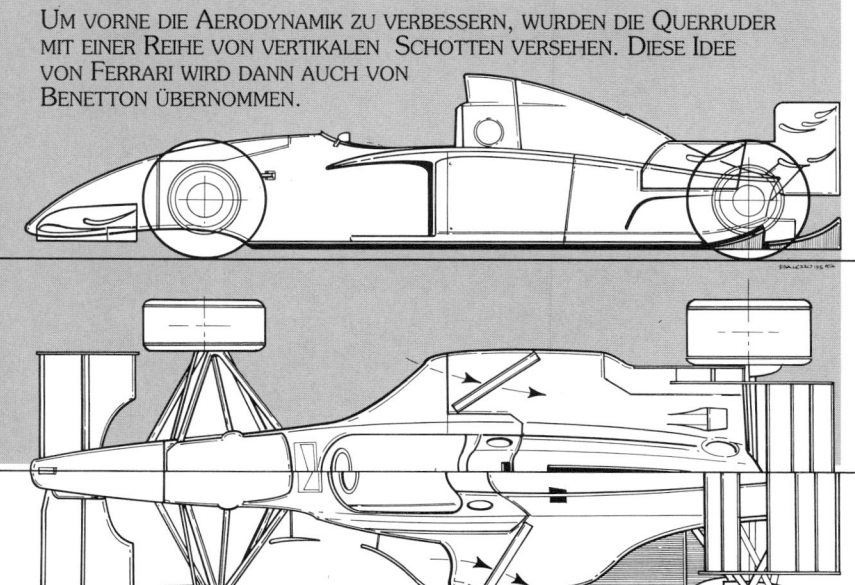

Um vorne die Aerodynamik zu verbessern, wurden die Querruder mit einer Reihe von vertikalen Schotten versehen. Diese Idee von Ferrari wird dann auch von Benetton übernommen.

Team McLaren

Als vor Beginn der Saison im Hause von Ron Denis die Hüllen fielen, brach ein Chor der Begeisterung über den neuen McLaren-Mercedes MP4/10 aus, von dem man nur in den höchsten Tönen sprach, als handelte es sich um ein geradezu revolutionäres Modell, mit dem man nun an die glorreichen Zeiten der Vergangenheit wieder anknüpfen und ganz, ganz vorn mitspielen könnte. Doch nach den ersten Runden auf der Piste war schon klar, daß 1995 alles andere als ein erfolgreiches Jahr für das deutsch-englische Gespann werden würde. Von Anfang an machte der MP4/10 den Eindruck, dass das Fahrzeug einige Probleme bei der richtigen Einstellung haben würde und nicht über ein den Ansprüchen seiner Klasse entsprechendes Fahrgestellt verfüge. Ein Eindruck, der sich schnell bewahrheiten sollte, als es nicht einmal zwei WM-Piloten wie Nigel Mansell und Alain Prost gelang, die rot-weißen Maschinen in Position zu bringen.
Dem einstigen Ruhm folgt nun eine lange Fastenzeit.

McLaren-Mercedes MP4/10

Vorzüge:
Zu den wenigen Dingen, die für die vergangene Saison positiv herauszustellen sind, gehört vor allem die bekanntermaßen hervorragende Reaktionsfähigkeit des Teams. Mit verdoppelten Anstrengungen versuchte man, den schlechten Start der Saison und des Wagens einigermaßen auszugleichen, was zu solchen Meister-leistungen führte wie der Konstruktion von vier verschiedenen Fahrgestellen im Laufe von nur ein paar Monaten.

Nachteile:
Aber die Eingespieltheit der Mannschaft konnte natürlich nicht das Versagen der englischen Konstrukteure und ihres wenig kohärenten Projekts MP4/10 wettmachen. Noch bis vor wenigen Jahren waren die Techniker im Hause von Ron Denis geradezu berühmt für ihre Planung und Methoden, die dann von Benetton übernommen wurden. Statt technischer Revolutionen hatte man einer konstanten und rationalen Entwicklung des Grundmodells den Vorzug gegeben. Das genaue Gegenteil dazu passierte in den letzten beiden Jahren. In diesem Jahr gab man noch eins drauf, indem der MP4/10 auf einen Schlag mit angehobenem Kühler, neuartigen Seitenpontons und einem dritten Flügelappendix hinter der Luftzufuhr versehen wurde. Letzterer wurde von vielen Beobachtern als im Grunde überflüssiges Anbringsel eingeschätzt, der die Defekte des Wagens nicht kompensiert und den Technikern nur zusätzliche Arbeit bereitet. Negativ muß auch der Zehnzylinder von Mercedes beurteilt werden, wenngleich er wohl unter dem minderwertigen Fahrgestell des MP4/10 zu leiden hatte, jedoch selber auch nicht gerade hinsichtlich Leistung und Zuverlässigkeit glänzte. Um mit Renault oder Ferrari gleichzuziehen, braucht es noch einige Zeit.

Illustrationen

Teilansicht des Fahrzeugs

Das entscheidende Kennzeichen des MP4/10 ist ohne Zweifel der Flügel über der Luftzufuhr.

Beim McLaren Jahrgang 1995 debütierten sowohl der angehobene Kühler wie der vordere, über die ganze Breite verlaufende Flügel nach dem Vorbild des Benetton.

Der Zusatzflügel ist nur am Anfang der Meisterschaft und auf Rennstrecken wie dem Hungaroring eingesetzt worden.

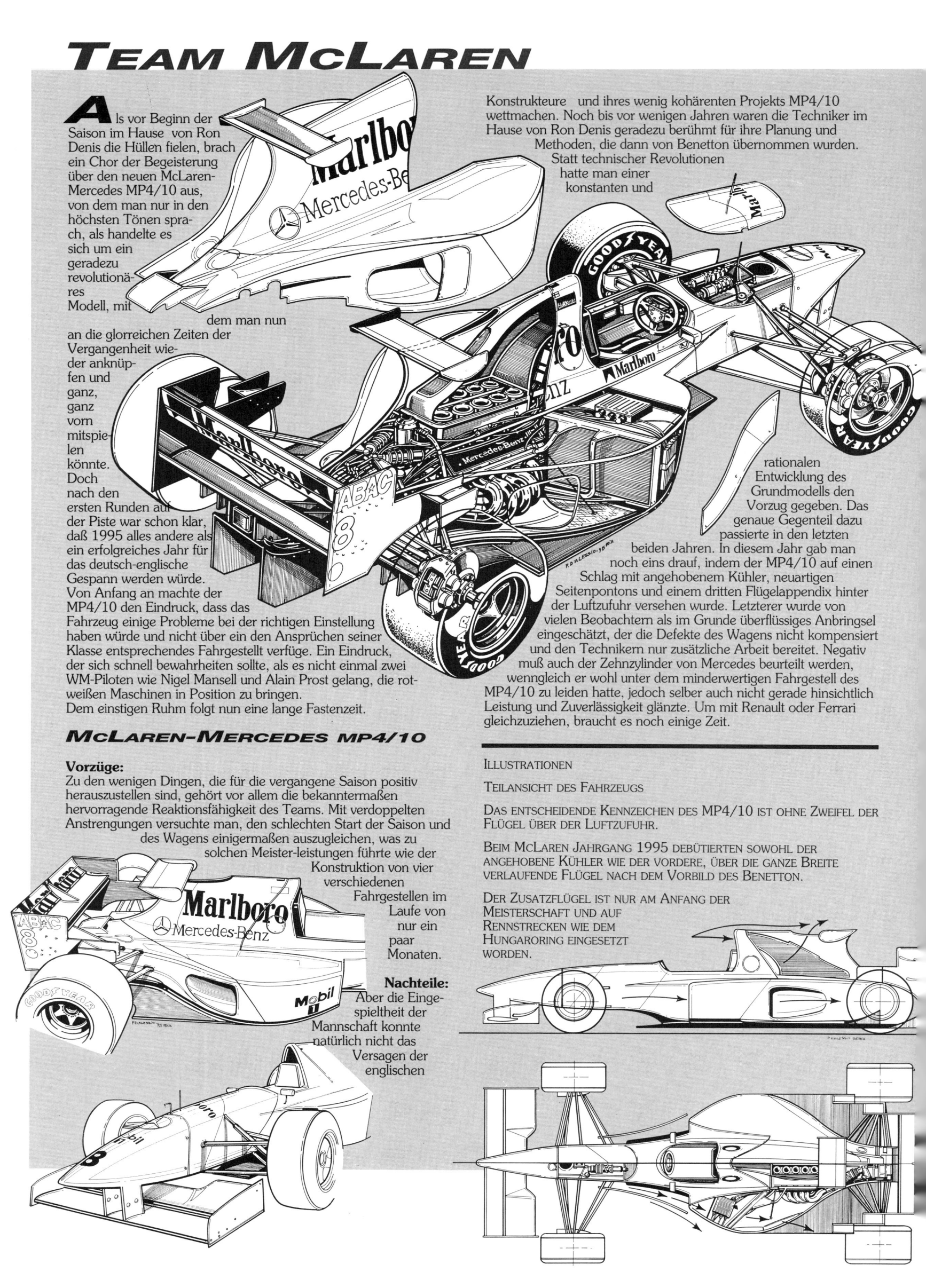

Team Jordan

Eddie Jordan macht selten einen Fehler und davon zeugt auch die Saison 95.
Mit dem neuen Zehnzylinder von Peugeot wollte das Team einen Qualitätssprung vollführen, und das ist ihm gelungen. Nach einem eher gedämpften Meisterschaftsbeginn hat sich das Leistungsvermögen von Eddie Irvine und Rubens Barrichello progressiv verbessert, und die anglo-französischen Monoposto konnten sich einen der vorderen Plätze der Tabelle erkämpfen. Dennoch kann man noch nicht wirklich von der Spitze sprechen, denn an Benetton, Williams oder Ferrari kommt der Jordan-Peugeot noch nicht heran.
Doch im Ganzen zeigt das Verhältnis Motor-Fahrgestell, daß es Konstanz und Steigerungsfähigkeit besitzt und mit diesen Qualitäten zu McLaren aufschließen konnte, wo ja dem Zehnzylinder von Mercedes der Vorzug von Peugeot gegeben wurde.

noch nicht einmal fünf Jahre her ist, da fuhr Jordan noch in der Formel 3000 und das Debüt in der F1 erschien vielen als reine Anmassung.

Jordan-Peugeot 195

Vorzüge:
Das vielleicht Interessanteste und Auffallendste, die wirkliche Innovation des 195 ist sein spektakuläres aerodynamisches Design. Gary Anderson, der Team-Konstrukteur, hat hier mehr gewagt als seine Kollegen, indem er das Fahrzeug mit ungewöhnlich voluminösen Flanken ausstattete und mit einer atypischen Luftzufuhr, die auch die 5-cm-Stufe unter der Karosserie ausnutzt. Extrem raffiniert auch der hintere Diffusor, der zu den komplexesten der WM-Teams zählt.

Nachteile:
Schwächen im Bezug auf die Anfälligkeit des Motors und andere "angeborene" Defekte des Fahrzeugs sind die Basis für die mangelnde Zuverlässigkeit, die wohl der grösste Nachteil der 95er Saison war.
Ein anderes wichtiges Problem stellen die zu beschränkten finanziellen und personellen Aufwendungen des Hauses dar. Um wirklich mit McLaren, Benetton, Williams, und Ferrari konkurrieren zu könn, muß noch ein weiterer qualitativer Schritt getan werden, vor allem hinsichtlich einer Potenzierung des technischen Apparats, der einzig in dem Ex-Mechaniker Gary Anderson einen wertvollen Experten hat.
Auf jeden Fall aber darf nicht vergessen werden, daß es

Illustrationen

Teilansicht des Fahrzeugs

Bei Seitenansicht des Modells 195 fallen die Originalität des Stromlinien-Designs und die knappe Dimensionierung der Luftzufuhr auf.

Der vordere Teil der Karosserie weist eine Neigung auf, hat aber nicht die übliche Kühlergestaltung der Konkurrenzmodelle.

Teilansicht des Hinterachsenkomplexes. Im Vordergrund die zentrale Venturi-Leitung.

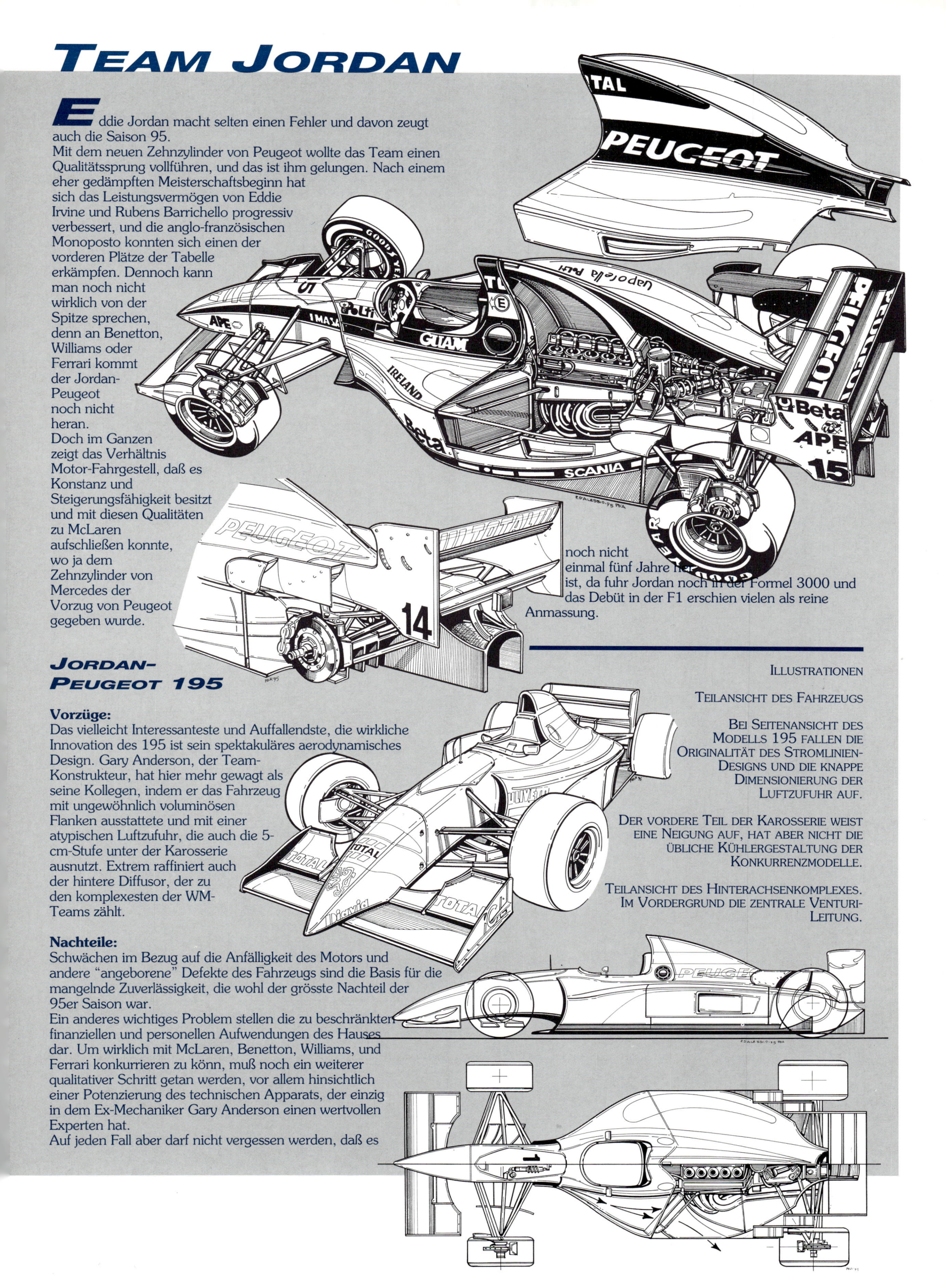

FORMEL 1 '95 WELTMEISTERSCHAFT
DATEN UND FAKTEN

	POLE POSITION	SIEGER	START-LETZTER	RANG-LETZTER	PROBEN-SCHNELLSTER	PROBEN-LANG	SCHNELLSTE RUNDE	ALS 1. AUSCHIEDEN
1 - GP Brasilien	HILL WILLIAMS	SCHUMACHER BENETTON (*)	SCHIATTARELLA SIMTEK	DINIZ FORTI	HILL WILLIAMS 294 KMH	SCHIATTARELLA SIMTEK	SCHUMACHER BENETTON	MARTINI MINARDI PANIS LIGIER
2 - GP Argentinien	COULTHARD WILLIAMS	HILL WILLIAMS	INOUE FOOTWORK	SCHIATTARELLA SIMTEK	ALESI FERRARI 208 KMH	INOUE FOOTWORK 165 KMH	SCHUMACHER BENETTON	WENDLINGER SAUBER GACHOT PACIFIC
3 - GP San Marino	SCHUMACHER BENETTON	HILL WILLIAMS	DINIZ FORTI	MORENO FORTI	HERBERT SCHUMACHER BENETTON 280 KMH	MORENO FORTI 251 KMH	BERGER FERRARI	SCHUMACHER BENETTON
4 - GP Spanien	SCHUMACHER BENETTON	SCHUMACHER BENETTON	DINIZ FORTI	SCHIATTARELLA SIMTEK	BERGER FERRARI 292 KMH	BADOER MINARDI 260 KMH	HILL WILLIAMS	MONTERMINI PACIFIC
5 - GP Monte Carlo	HILL WILLIAMS	SCHUMACHER BENETTON	INOUE FOOTWORK	DINIZ FORTI	HILL WILLIAMS 277 KMH	DINIZ FORTI 236 KMH	ALESI FERRARI	VERSTAPPEN SIMTEK SCHIATTARELLA SIMTEK
6 - GP Kanada	SCHUMACHER BENETTON	ALESI FERRARI	DINIZ FORTI	INOUE FOOTWORK	BERGER FERRARI 283 KMH	MORENO FORTI 243 KMH	SCHUMACHER BENETTON	HAKKINEN MCLAREN HERBERT BENETTON
7 - GP Frankreich	HILL WILLIAMS	SCHUMACHER BENETTON	MORENO FORTI	MORENO FORTI	COULTHARD WILLIAMS 297 KMH	MORENO FORTI 270 KMH	SCHUMACHER BENETTON	DINIZ INOUE KATAYAMA
8 - GP Grossbritannien	HILL WILLIAMS	HERBERT BENETTON	MONTERMINI PACIFIC	GACHOT PACIFIC	SCHUMACHER BENETTON 289 KMH	BADOER MINARDI 259 KMH	HILL WILLIAMS	IRVINE JORDAN
9 - GP Deutschland	HILL WILLIAMS	SCHUMACHER BENETTON	LAVAGGI PACIFIC	IRVINE JORDAN	BLUNDELL MCLAREN 334 KMH	SUZUKI LIGIER 298 KMH	SCHUMACHER BENETTON	PANIS FOOTWORK SALO TYRRELL
10 - GP Ungharn	HILL WILLIAMS	HILL WILLIAMS	LAVAGGI PACIFIC	IRVINE JORDAN	COULTHARD WILLIAMS 248 KMH	LAMY MINARDI 228 KMH	HILL WILLIAMS	HAKKINEN MCLAREN
11 - GP Belgien	BERGER FERRARI	SCHUMACHER BENETTON	DINIZ FORTI	MORENO FORTI	COULTHARD WILLIAMS 311 KMH	LAVAGGI PACIFIC 256 KMH	COULTHARD WILLIAMS	HAKKINEN MCLAREN
12 - GP Italien	COULTHARD WILLIAMS	HERBERT BENETTON	LAVAGGI PACIFIC	KATAYAMA TYRRELL	COULTHARD E ALESI 329 KMH	DINIZ FORTI 300 KMH	BERGER FERRARI	LAMY MINARDI
13 - GP Portugal	COULTHARD WILLIAMS	COULTHARD WILLIAMS	DELETRAZ PACIFIC	MORENO FORTI	HILL WILLIAMS 304 KMH	DINIZ FORTI 276 KMH	COULTHARD WILLIAMS	LAMY MINARDI
14 - GP Europa	COULTHARD WILLIAMS	SCHUMACHER BENETTON	DELETRAZ PACIFIC	DELETRAZ PACIFIC	BARRICHELLO JORDAN 292 KMH	BADOER MINARDI 268 KMH	SCHUMACHER BENETTON	BLUNDELL MCLAREN
15 - GP Pazifik	COULTHARD WILLIAMS	SCHUMACHER BENETTON	GACHOT PACIFIC	DINIZ FORTI	HILL WILLIAMS 288 KMH	GACHOT PACIFIC 265 KMH	SCHUMACHER BENETTON	GACHOT PACIFIC
16 - GP Japan	SCHUMACHER BENETTON	SCHUMACHER BENETTON	BLUNDELL MCLAREN	INOUE FOOTWORK	SCHUMACHER BENETTON 305 KMH	DINIZ FORTI 278 KMH	SCHUMACHER BENETTON	MORBIDELLI FOOTWORK MORENO FORTI
17 - GP Australien	HILL WILLIAMS	HILL WILLIAMS	GACHOT PACIFIC	GACHOT PACIFIC	SCHUMACHER BENETTON 305 KMH	DINIZ FORTI 277 KMH	HILL WILLIAMS	BADOER MINARDI

* Sieger ist Schumacher, es folgen: Coulthard, Berger, Hakkinen und Alesi. Wegen Verletzung der Benzinnormen werden Schumacher und Coulthard disqualifiziert, was schliesslich für ungültig erklärt wird.

THE TREAD DESIGN OF A
WET TYRE

***DIE ABBILDUNG DES
PROFILS EINES REGEN-
REIFENS***

IL DISEGNO DELLA
SCOLPITURA DI UNO
PNEUMATICO DA PIOGGIA

Arai
Rothmans
RACING
Arai
elf
Rothmans
Rothmans
David Coulthard
HILL
RENAULT
sparco

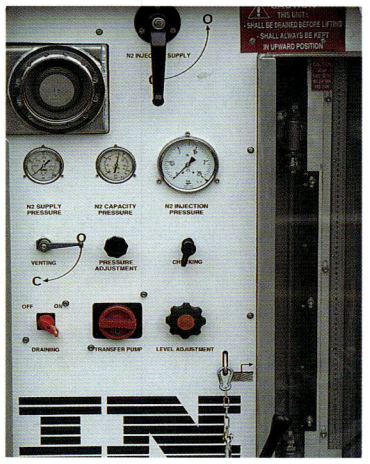

REFUELLING IS THE JOB OF THIS EQUIPMENT, BUILT BY THE FRENCH COMPANY INTERTECHNIQUE. IT WEIGHS 600 KG AND IS CAPABLE OF SUPPLYING 12 LITRES A SECOND

DIE TANKANLAGE DER FRANZÖSISCHEN INTERTECHNIQUE, GEWICHT 600 KG, BENZINABGABE 12 L/SEK

IL RIFORNIMENTO E UN PARTICOLARE DELLA MACCHINA COSTRUITA DALLA FRANCESE INTERTECHNIQUE: PESA BEN 600 KG ED E' IN GRADO DI EROGARE 12 LITRI AL SECONDO

BRAKES ON
BENETTON
UNITED COLORS OF BENETTON.
BENETTON
RENAULT

Pit stop for Michael Schumacher. Until 1994 Ferrari was famous for having the fastest and slickest team of mechanics; in 1995 Benetton demonstrated that it was just as good, although "helped" on several occasions, it has to be said, by the Ferrari mechanics...

Pit-stop von Michael Schumacher. Bis 1994 war Ferrari berühmt für sein flinkes, eingespieltes Mechanikerteam; 1995 hat dann die Benetton-Mannschaft gezeigt, was sie drauf hat, wobei ihr mitunter das muß man deutlich sagen - die von Ferrari zu Hilfe kam...

Pit stop per Michael Schumacher. Fino al 1994 la Ferrari era celebre per avere il piu' affiatato e veloce team di meccanici; nel 1995 la Benetton ha pero' dimostrato di non essere da meno

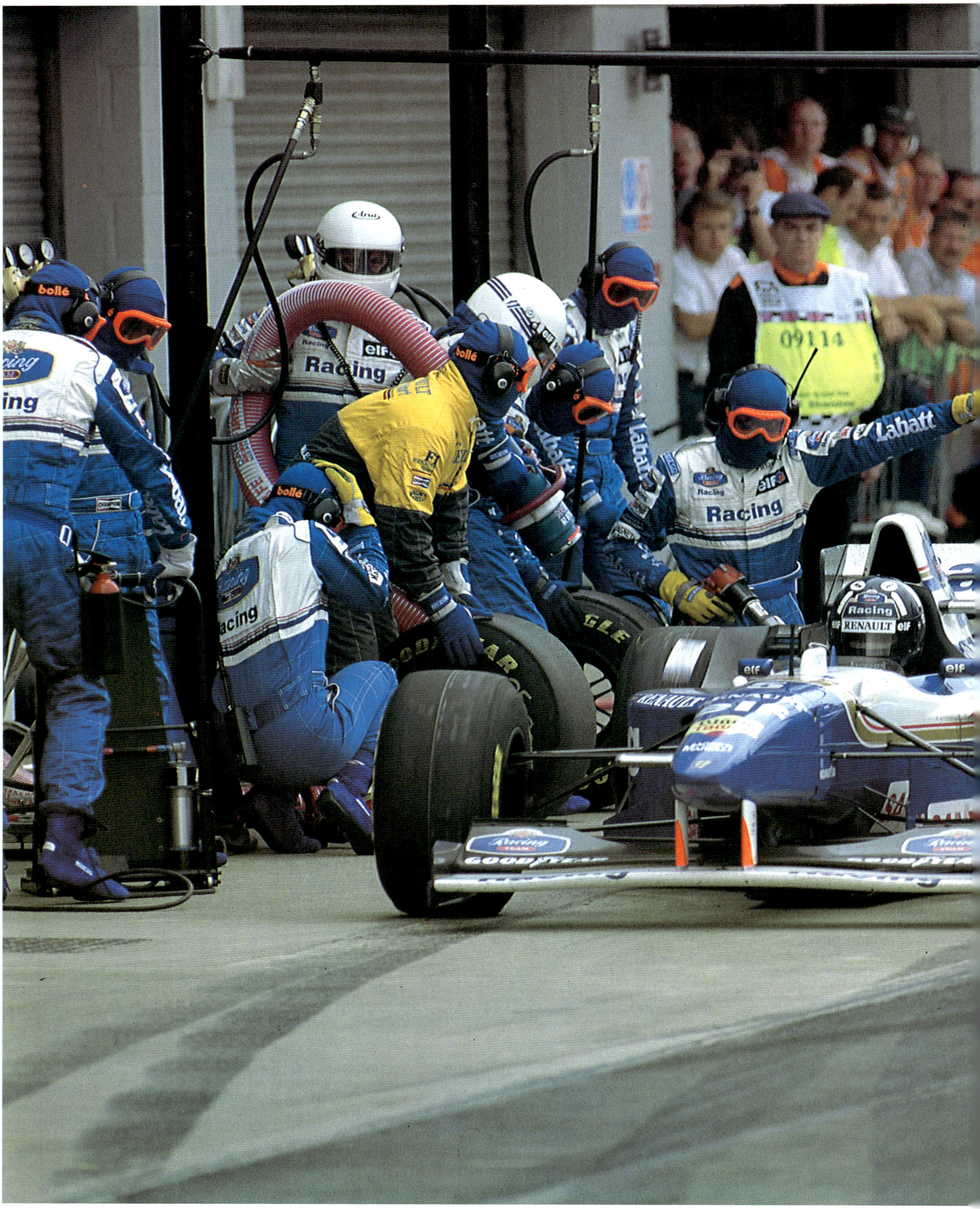
bollé
Racing
Labatt
09114
Racing
RENAULT
elf

Damon Hill comes in for a pit stop

Damon Hill beim Boxen Stop an den Boxen

Damon Hill ai box per il pit stop

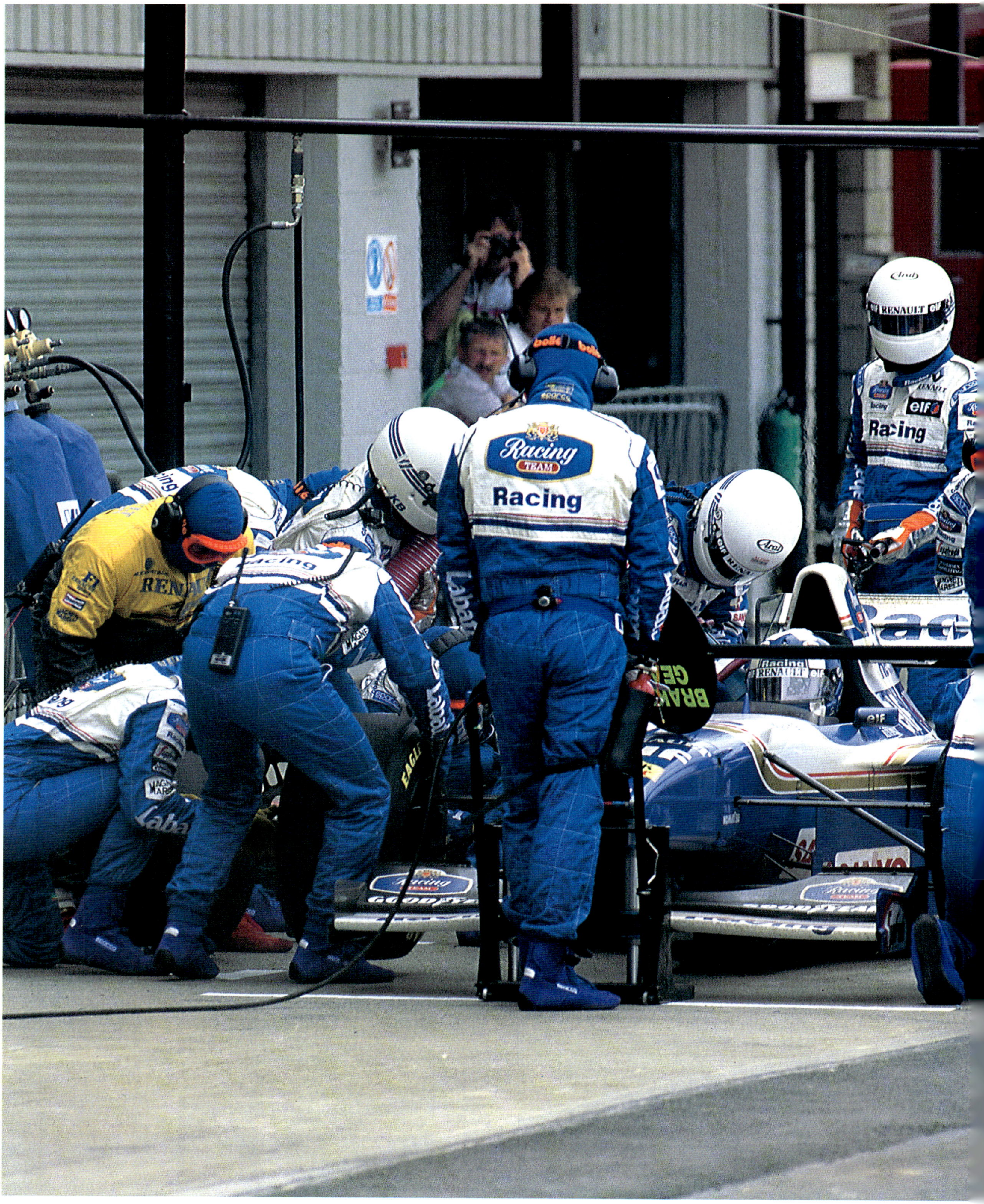
Racing
TEAM
Racing
Racing
RENAULT
elf

MECHANICS FROM THE
WILLIAMS TEAM AROUND
DAVID COULTHARD'S CAR
DURING A PIT STOP

***DAS MECHANIKERTEAM
VON WILLIAMS AM WAGEN
DAVID COULTHARDS BEIM
PIT-STOP***

IL TEAM DEI MECCANICI
WILLIAMS INTORNO ALLA
VETTURA DI DAVID
COULTHARD DURANTE
UN PIT STOP

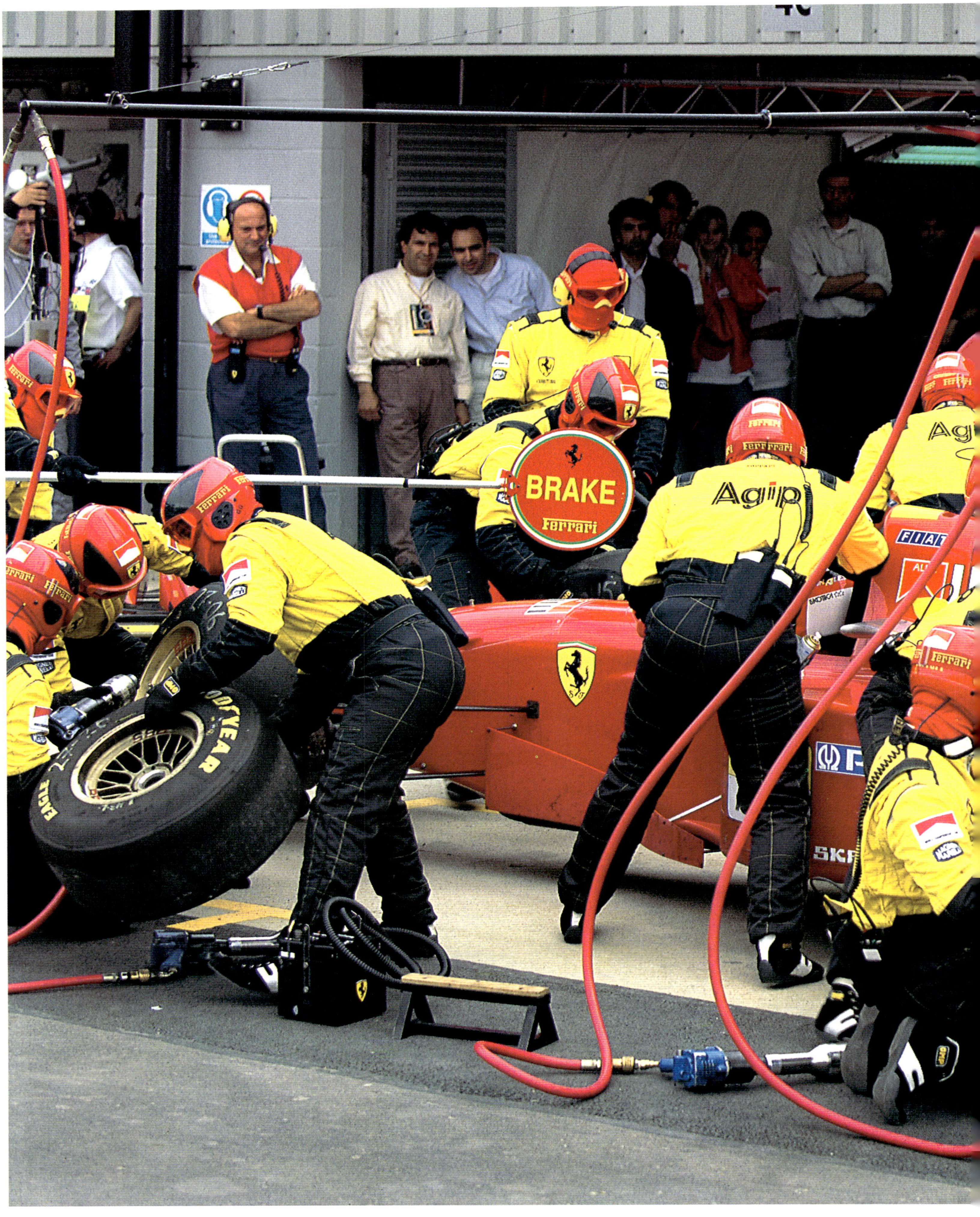
BRAKE
Ferrari
Agip
GOODYEAR
EAGLE

THE MAGICAL TEAM OF FERRARI IN ACTION ON JEAN ALESI'S CAR. A PIT STOP LASTS BETWEEN SEVEN AND TEN SECONDS!

DAS TRAUM-TEAM VON FERRARI IN AKTION: PIT-STOP VON JEAN ALESI, ZEIT: 7-10 SEKUNDEN!

IL MAGICO TEAM DELLA FERRARI IN AZIONE SULLA VETTURA DI JEAN ALESI.
UN PIT STOP DURA DAI SETTE AI DIECI SECONDI!

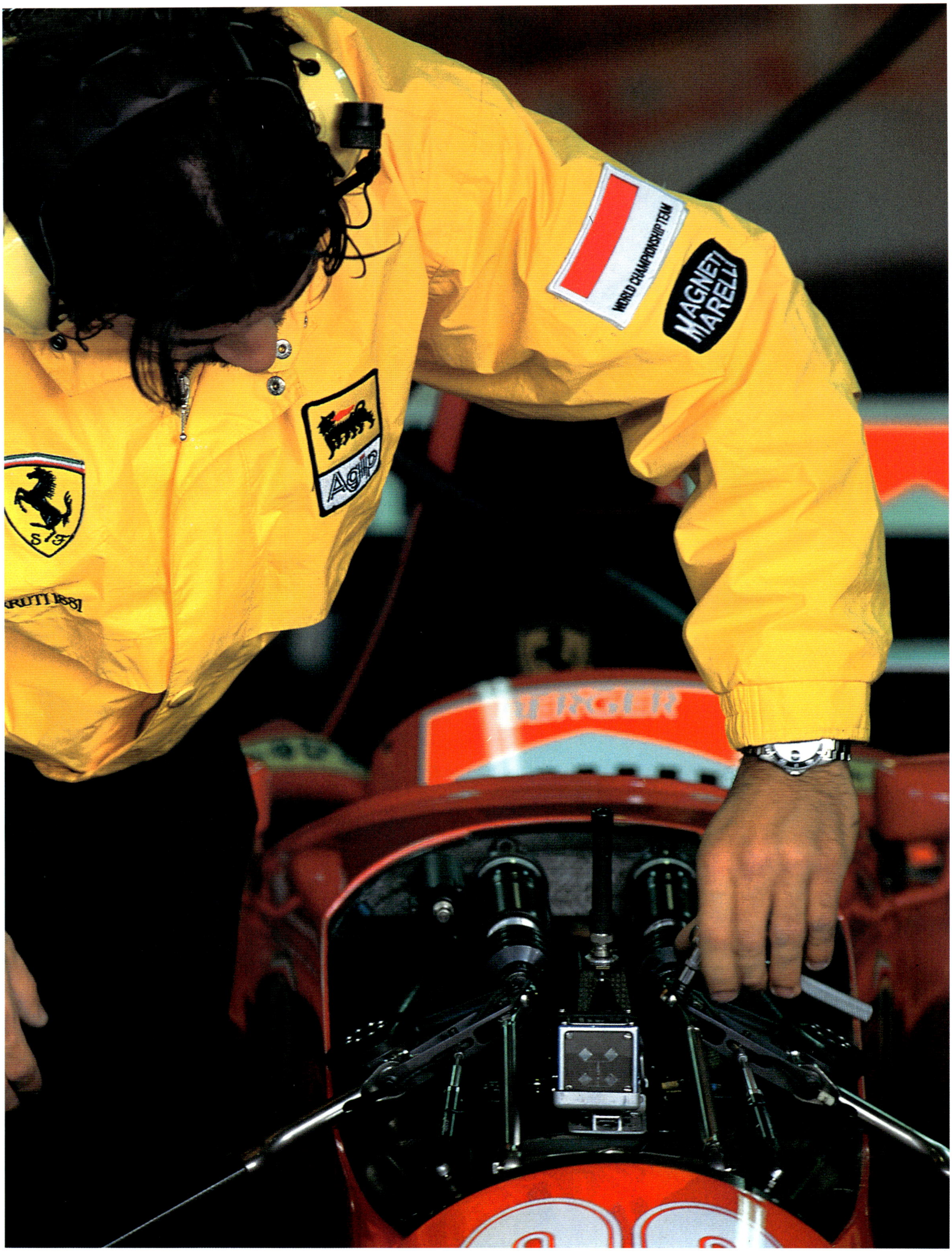
WORLD CHAMPIONSHIP TEAM
MAGNETI MARELLI
Agip
RRUTI 1881

FORMULA 1 IS NOT ONLY ABOUT HIGH TECHNOLOGY: THE RIMS HAVE TO CLEANED BY HAND WITH AN ORDINARY SPONGE

NICHT NUR HIGH-TECH BEI DER FORMEL 1: DIE FELGEN WERDEN MIT DER HAND UND EINEM SCHWAMM GEWASCHEN

NON C'E' SOLO ALTA TECNOLOGIA IN FORMULA 1: I CERCHIONI VANNO LAVATI A MANO CON UNA NORMALE SPUGNA

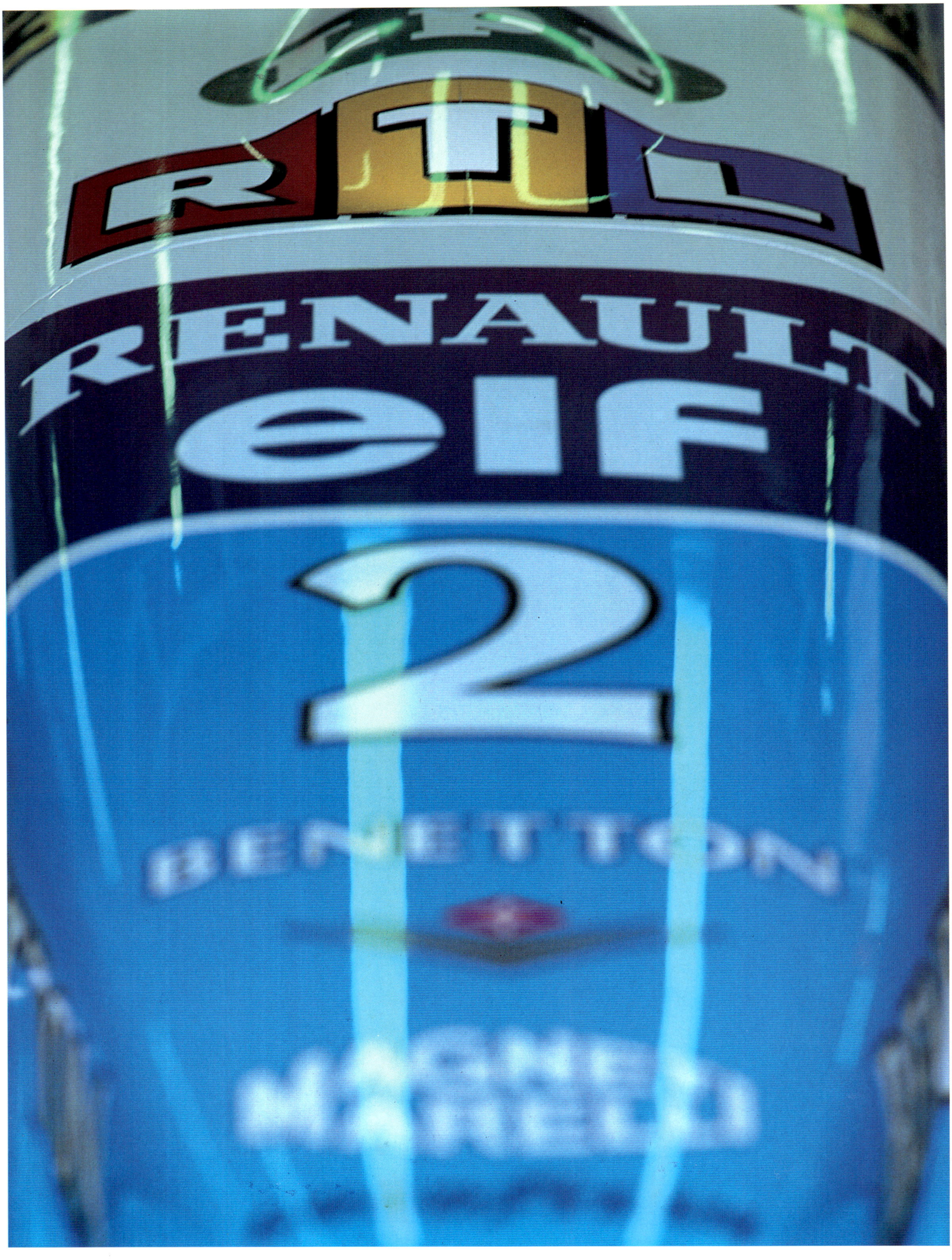
RTL
RENAULT
elf
2
BENETTON

Detail of the Yamaha engine: so far it has not provided the successes that the major Japanese manufacturer had hoped for

Teilansicht des Motors von Yamaha: noch ist das, was sich der große japanische Automobilhersteller erhofft hat, nicht eingetreten

Particolare del motore Yamaha: fino ad ora non ha ottenuto il successo che la grande casa motoristica giapponese sperava

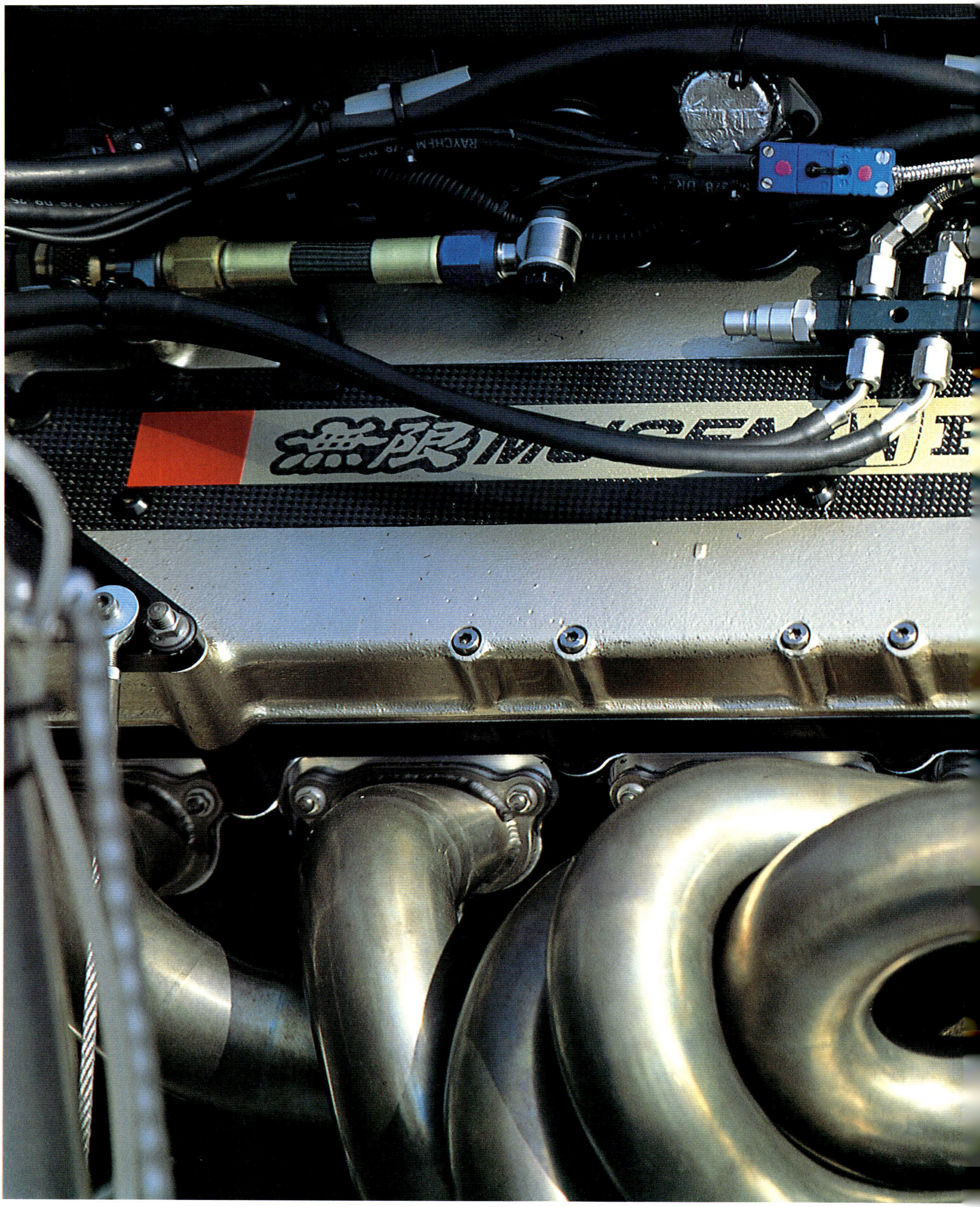
無限

Honda, too, is going through a dry patch in Formula 1, after its great successes with McLaren

Auch Honda leidet an fehlenden Formel-1-Erfolgen, vor allem nach den positiven Erfahrungen aus der gemeinsamen Zeit mit McLaren

Anche la Honda soffre per la mancanza di risultati in Formula 1, dopo i grandi successi ai tempi della collaborazione con McLaren

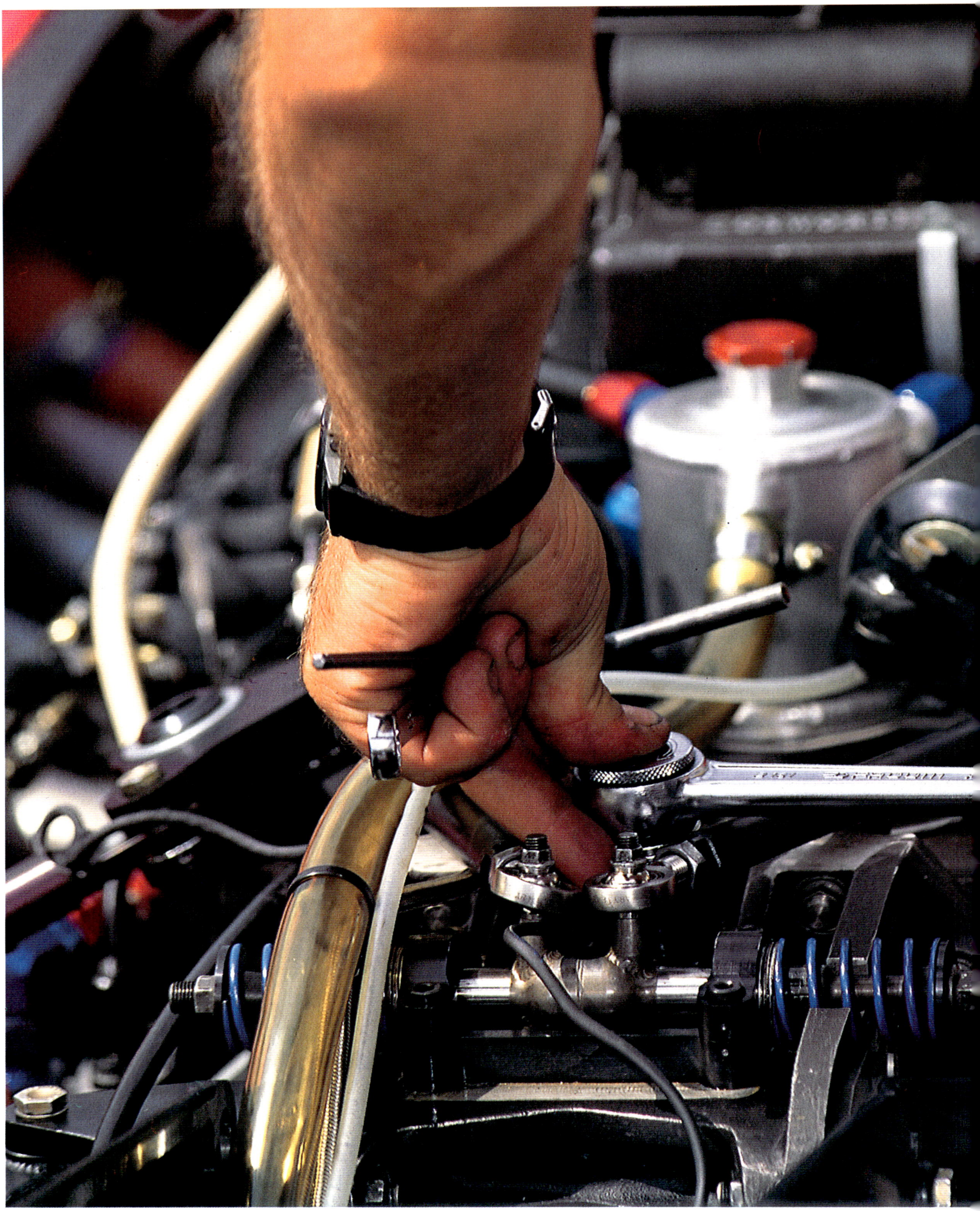

THE MAGICAL HANDS OF THE MECHANICS WORK SKILFULLY TO ENSURE THAT THE CAR IS IN PERFECT CONDITION FOR THE RACE

DIE MAGISCHEN HÄNDE DER MECHANIKER SETZEN ALLES DARAN, DAß DER WAGEN BEIM RENNEN IN PERFEKTEM ZUSTAND IST

LE MAGICHE MANI DEI MECCANICI AGISCONO ABILMENTE PERCHE' LA VETTURA SIA IN PERFETTA EFFICIENZA PER LA GARA

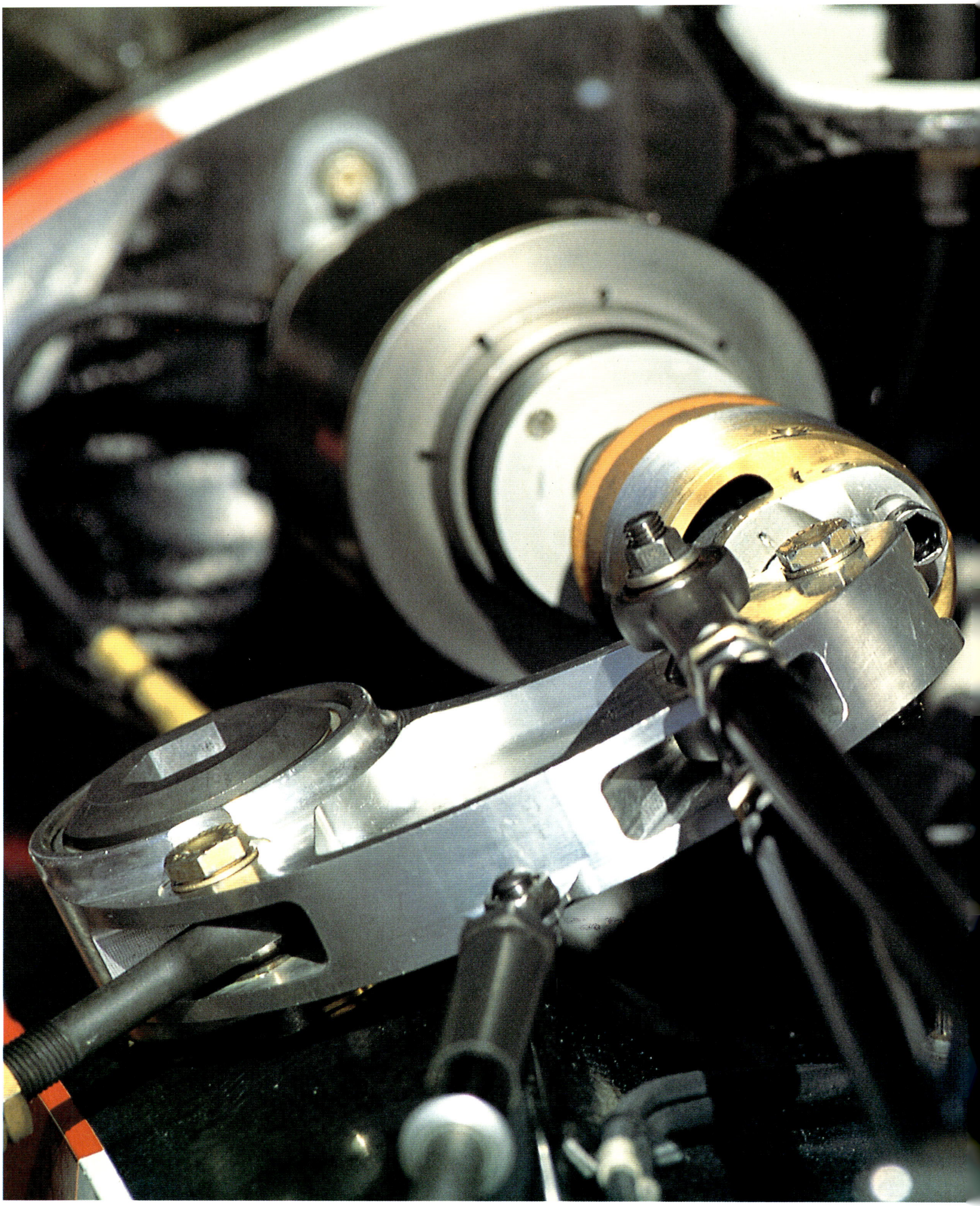

Detail of the front suspension

Teilansicht der Vorderachsaufhängung

Particolare delle sospensioni anteriori

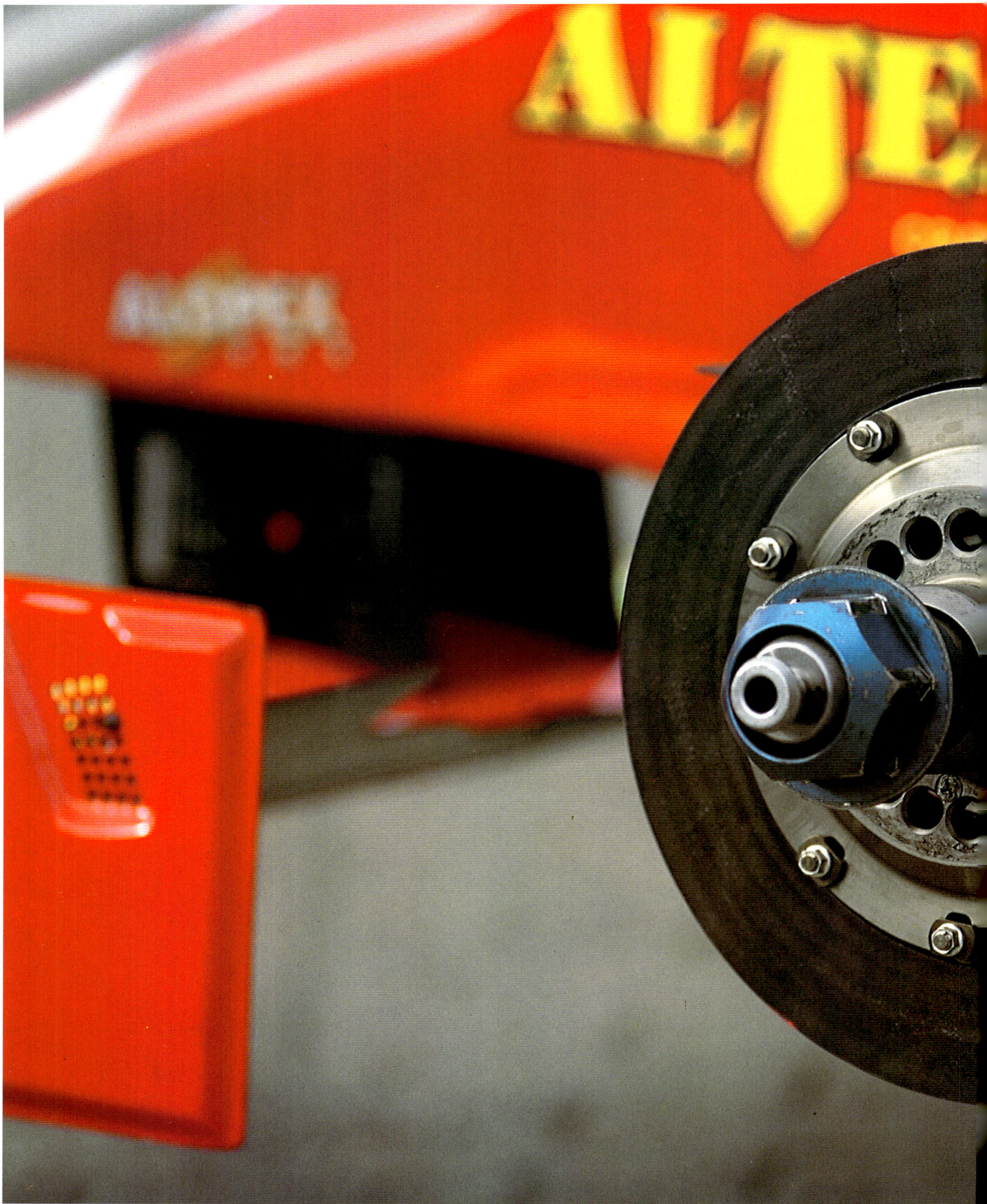

DETAIL OF A BRAKE BY
THE ITALIAN COMPANY
BREMBO

***TEILANSICHT DER
ITALIENISCHEN BREMBO
BREMSE***

PARTICOLARE DI UN
FRENO, REALIZZATO
DALL'ITALIANA BREMBO

BL0CK 8

Easily noticeable on the Jordan are the levers which act on the gear-rods, hand-operated by the driver

Handschalthebel am Steuer des Jordan

Sul volante della Jordan spiccano le leve che agiscono sui bilancieri del cambio, azionato dalle mani del pilota

82

Everything is all set for qualifying in the pits. The ventilators cool the radiators and prevent the engine from overheating

An den Boxen ist alles klar für die Probeläufe. Die Ventilatoren kühlen die Radiatoren, um eine Überhitzung der Motoren zu verhindern

Ai box tutto e pronto per iniziare le prove. I ventilatori raffreddano i radiatori e impediscono al motore di surriscaldarsi

15
MOTORSCAN
KREMLYOVSKAYA
VODKA
Beta
TOTAL
PEUGEOT
Diavia
CARRARA
HUTCHINSON
TOTAL
GOODYEAR
Polti
Vaporella
EAGLE
PEUGEOT
Marlboro
sparco

The pressure valve on an air tank, used for the high pressure air guns which release the nuts on the wheels during a pit stop

Druckventil eines Lufttanks, an den die Luftdruckpistolen der Reifenmechaniker angeschloßen sind.

Particolare della valvola che regola e indica la pressione e la quantità dell'aria contenuta nelle "bombole", utilizzate per le pistole di cui i meccanici si servono per cambiare gli pneumatici al pit stop

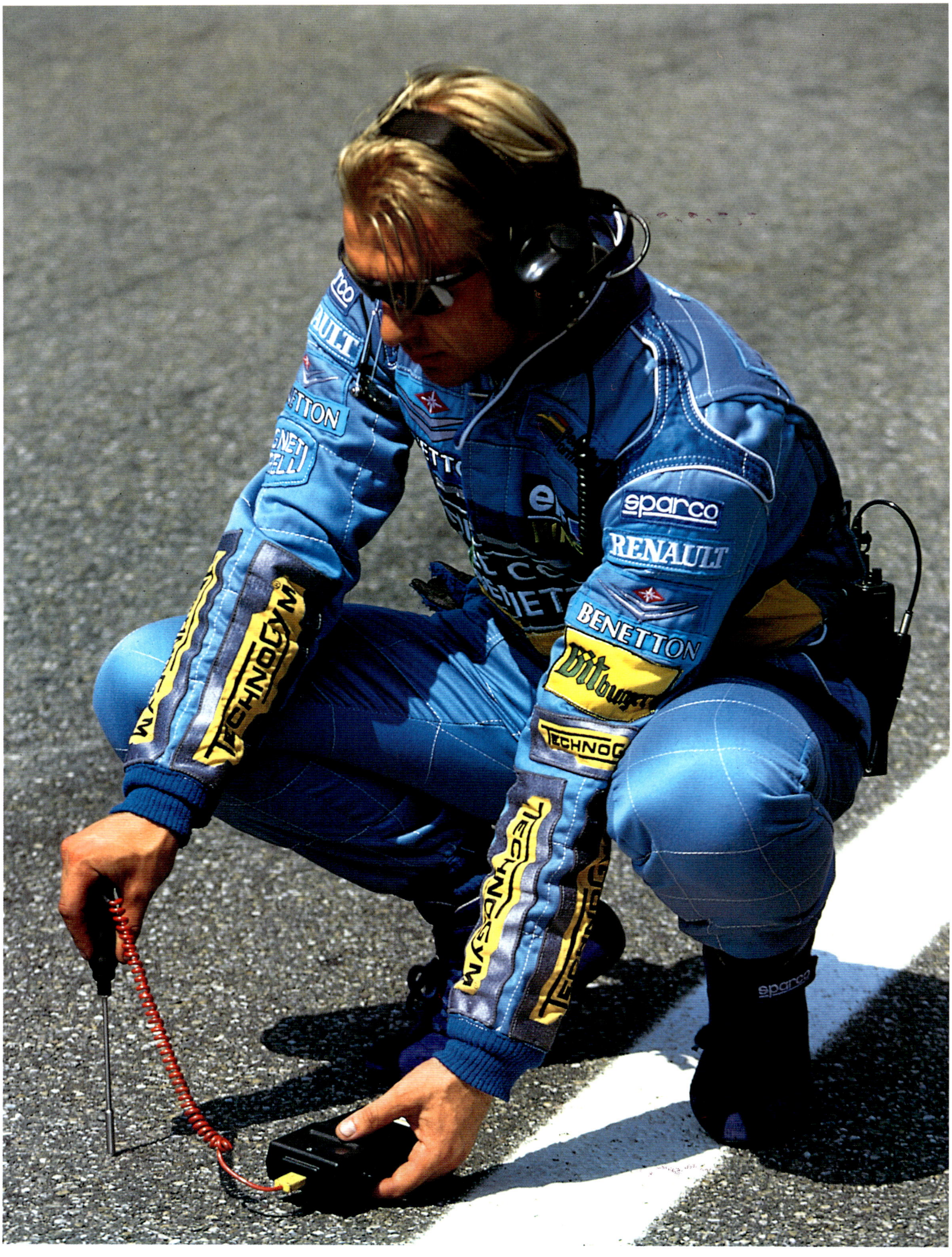
sparco
RENAULT
BENETTON
TECHNOGYM
sparco

JUST A FEW MINUTES TO GO BEFORE THE START OF THE RACE: THE TYRE MECHANIC MEASURES THE TEMPERATURE OF THE TRACK, WHILE THE TEAM PREPARES FOR THE PIT STOPS

WENIGE MINUTEN VOR DEM START: DER REIFENEXPERTE KONTROLLIERT DIE PISTEN-TEMPERATUR, AN DEN BOXEN BEREITEN SICH DIE MANNSCHAFTEN AUF DIE PIT-STOPS VOR

MANCANO POCHI MINUTI ALLA PARTENZA: IL TECNICO DEI PNEUMATICI VERIFICA LA TEMPERATURA IN PISTA, MENTRE AI BOX LA SQUADRA SI PREPARA PER I PIT-STOP

M SALO
M. SALO
U. KATAYAMA
TEXAS INSTRUMENTS
TEXAS INSTRUMENTS
TEXAS INSTRUMENTS
YAMAHA FORMULA-1
YAMAHA FORMULA-1
YAMAHA FORMULA-1
YAMAHA FORMULA-1

WE ARE NOT INSIDE
CAPE CANAVERAL BUT
THE BACK OF THE
TYRRELL PIT WITH A EDP
CENTRE TO PROCESS THE
DATA CONTINUALLY
PROVIDED BY THE CARS
ON THE TRACK

*DAS IST NICHT CAPE
CANAVERAL, SONDERN DAS
EDV-ZENTRUM HINTER DEN
BOXEN VON TYRRELL, DAS
DIE VON DEN WAGEN
ÜBERMITTELTEN DATEN
KONTINUIERLICH SAMMELT
UND AUSWERTET*

NON SIAMO NEL CUORE
DI CAPE CANAVERAL: E'
INVECE IL RETRO DEI BOX
TYRRELL CON IL CENTRO
ELABORAZIONE DEI DATI
CHE LE VETTURE IN PISTA
TRASMETTONO
CONTINUAMENTE

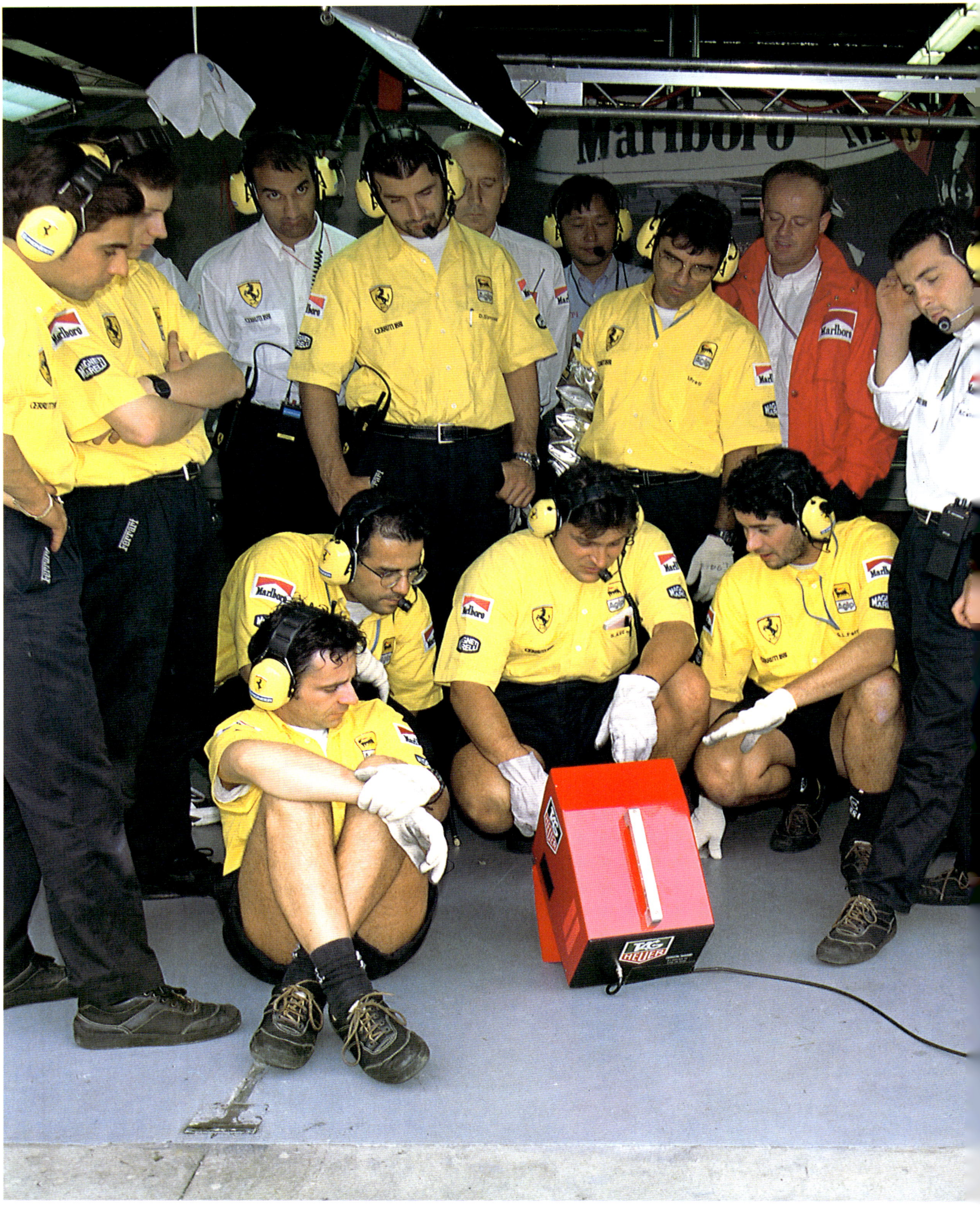
Marlboro

The cars are on the track and the Ferrari pits follow the events with dread

Die Wagen sind auf der Piste. An den Boxen von Ferrari verfolgt man die Ereignibe in banger Erwartung

Le vetture sono in pista e ai box Ferrari si segue con trepidazione l'evolversi degli eventi

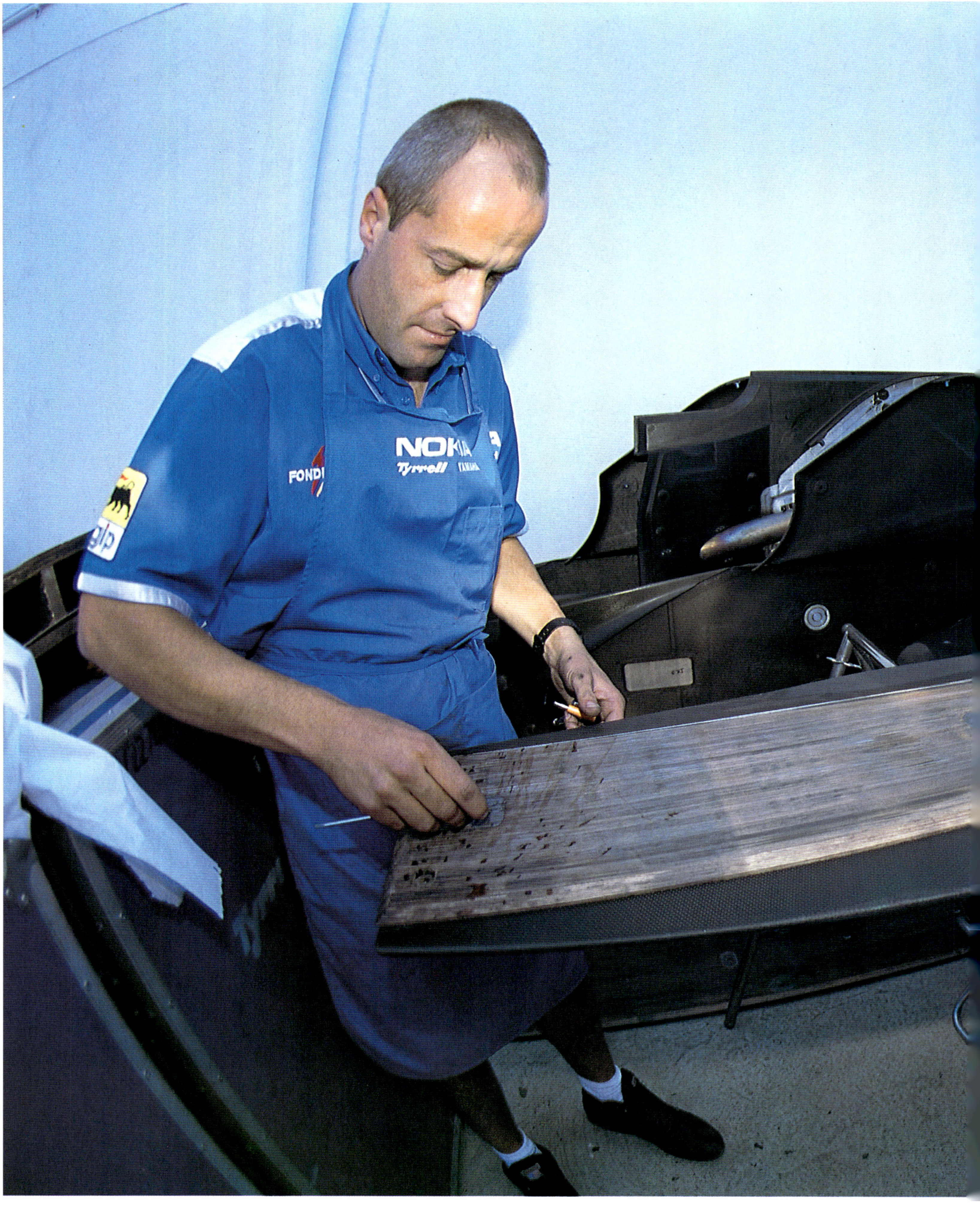
NOKIA
Tyrrell
YAMAHA
FONDI

The wooden plank underneath Tyrrell

Die Holzplatte auf dem Boden des Tyrrell

La preparazione del fondo in legno della Tyrrell

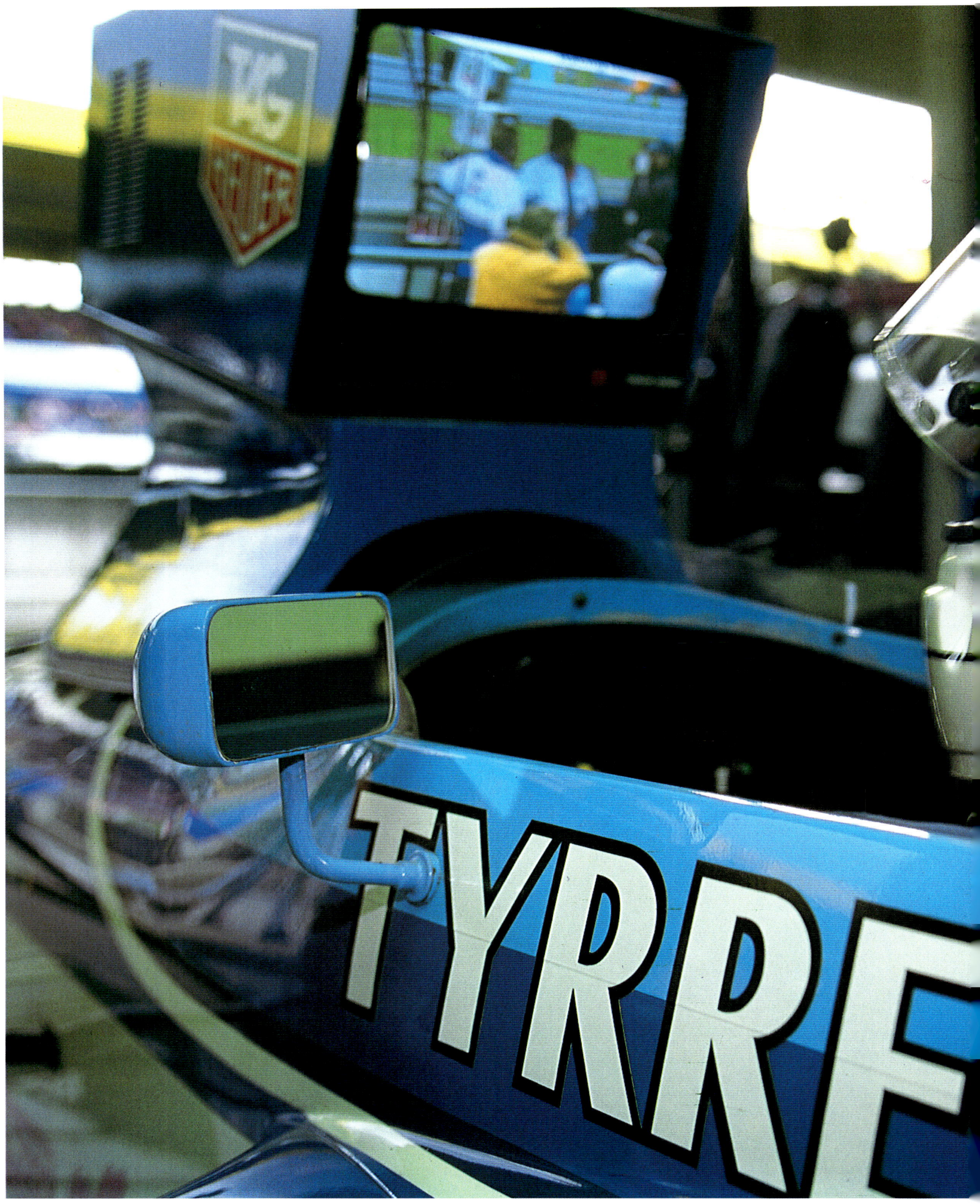
TAG
HEUER
TYRRE

PREPARING TO START WITH TYRRELL, GABRIELE TARQUINI STUDIES THE PREVIOUS QUALIFIERS IN THE EUROPEAN GRAND PRIX

GABRIELE TARQUINI VERFOLGT AUF DEM MONITOR DEN LETZTEN GP VON EUROPA, DANN IST ER DRAN

PRONTO A SCENDER IN PISTA CON LA TYRRELL, GABRIELE TARQUINI OSSERVA NEL MONITOR LO SVOLGIMENTO DELLE PROVE PRECEDENTI IL GRAN PREMIO DI EUROPA

96

TYRES READY FOR USE
AND ALREADY WITH THEIR
COVERS ON

***ZUM EINSATZ BEREIT:
REIFEN IN THERMODECKEN***

PNEUMATICI PRONTI
ALL'USO E GIÀ AVVOLTI
NELLE TERMOCOPERTE

Ferrari
GOODYEAR
TRW Sabelt
arexons
CHAMPION
Agip
EAGLE
BBS

A SPLENDID PANORAMA OF THE PADDOCK WITH THE FERRARI TRUCK

SUGGESTIVES PADDOCK-PANORAMA MIT DEM FERRARI-"TRUCK"

UNA SUGGESTIVA PANORAMICA DEL PADDOCK CON IL "TRUCK" DELLA FERRARI

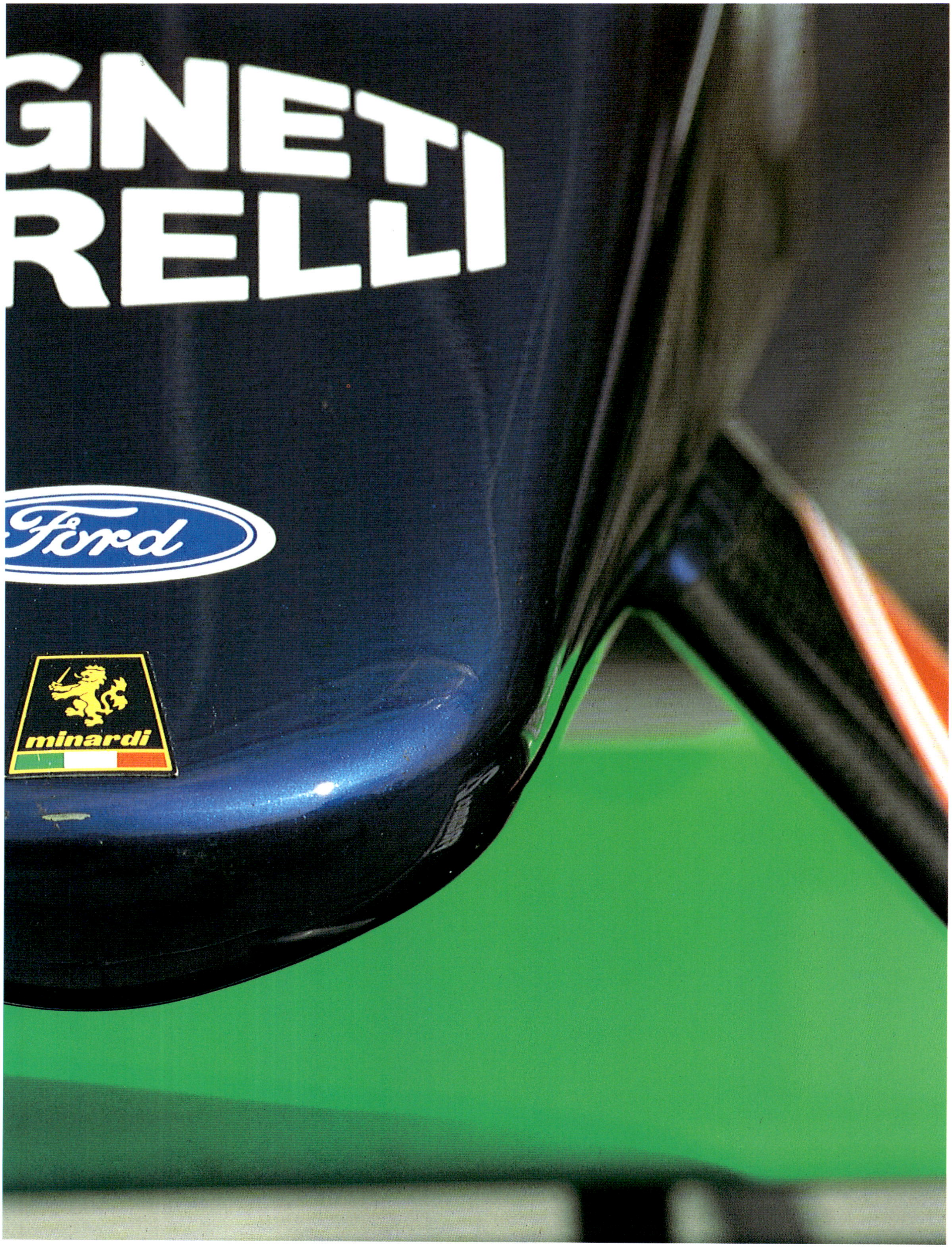
GNETI
RELLI
Ford
minardi

THE FRONT
"NOSESPLITTER" OF THE
MINARDIS.
THESE WERE THE
"PERSONALITIES" ALSO
AROUND THE PADDOCKS
OF MAGNY COURS...

*HIER: DER "SCHNAUZER"
VORN AM MINARDI.
AUCH IN MAGNY-COURS IN
FRANKREICH TRIFFT MAN
DIESE
"PERSÖNLICHKEITEN" IM
UMKREIS DER PADDOCKS...*

IL "BAFFO" ANTERIORE
DELLE MINARDI.
ANCHE A MAGNY-
COURS IN FRANCIA SI
VEDONO QUESTI
"PERSONAGGI" IN GIRO
PER I PADDOCKS...

UNITED COLORS OF BENETTON
RENAULT
elf
MINOL
Kickers
sparco
BENETTON
M. Schumacher

THIS MODEL CAN
CERTAINLY CLAIM TO
HAVE FULFILLED A DREAM:
TO BE IN THE "SUIT" OF
MICHAEL SCHUMACHER

***DIESES MODEL HAT SICH
EINEN WUNSCH ERFÜLLT:
EINMAL "IN DER HAUT" VON
MICHAEL SCHUMACHER ZU
STECKEN***

QUESTA MODELLA PUO'
DIRE DI AVER ESAUDITO
UN SOGNO: ESSERE
"NEI PANNI" DI MICHAEL
SCHUMACHER

FIA FORMULA ONE WORLD CHAMPIONSHIP
FIA FORMULA ONE WORLD CHAMPIONSHIP

BEAUTIFUL WOMEN ARE ALWAYS AROUND IN THE FORMULA 1 PITS, ALTHOUGH A LITTLE LESS THAN IN THE PAST, BECAUSE OF STRICTER PASS CONTROLS

SCHÖNE FRAUEN SIND AN DEN BOXEN DER FORMEL 1 NICHT WEGZUDENKEN, AUCH WENN INTENSIVERE "PASS"-KONTROLLEN HIER ETWAS FILTERN WOLLEN

LE BELLE DONNE SONO UNA PRESENZA COSTANTE NEI BOX DELLA FORMULA 1, ANCHE SE UN PO' MENO CHE IN PASSATO, PER VIA DEI MAGGIORI CONTROLLI DEI "PASS"

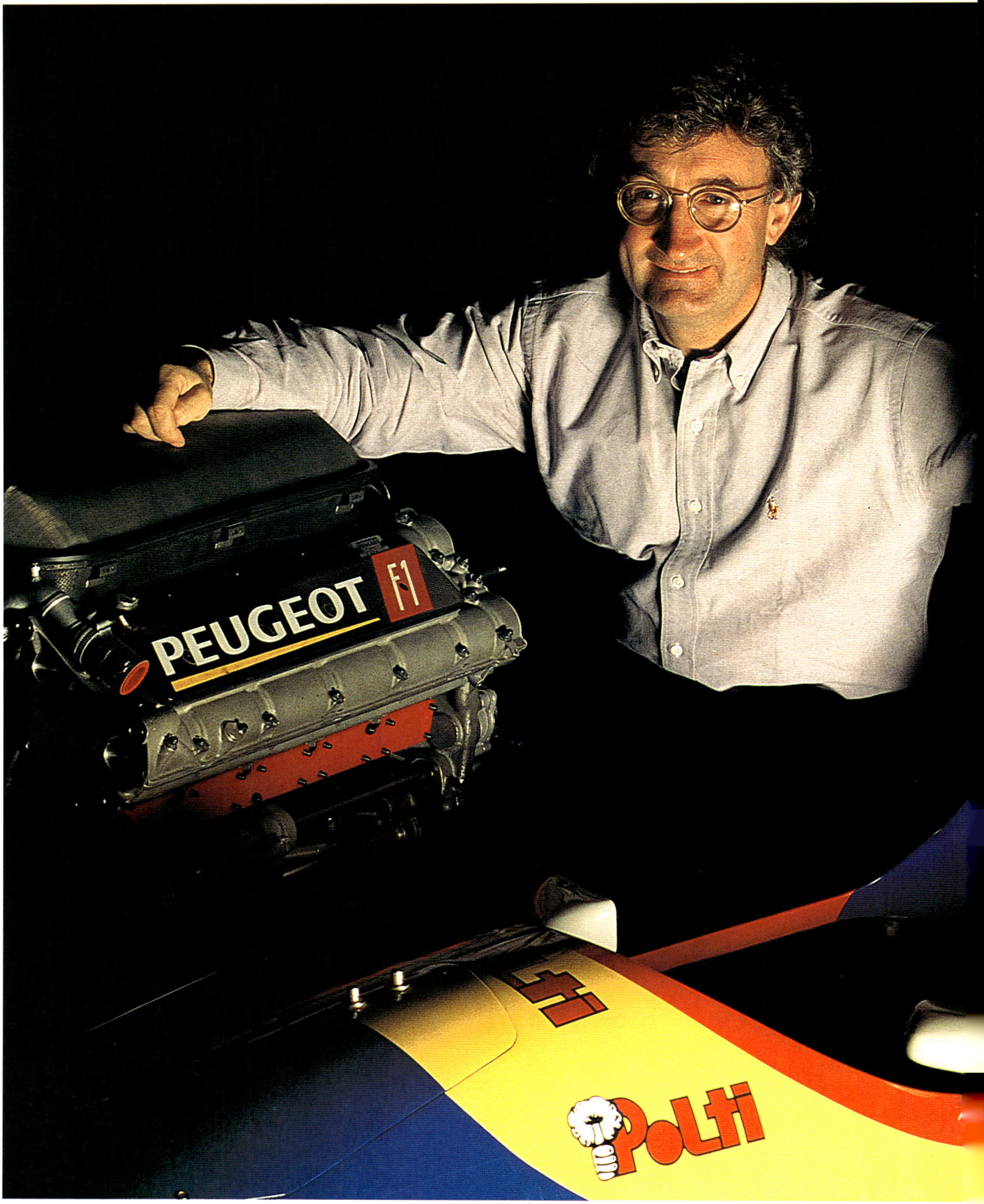
PEUGEOT
F1
Polti

Eddie Jordan - owner and manager of the Jordan team - a true talent scout of major drivers

Der Eigentümer und Team-Manager seines Stalls, Eddie Jordan, hat eine wirklich gute Nase für Fahrer-Talente

Eddie Jordan, proprietario e Team manager dell'omonima scuderia; un vero talent scout di grandi piloti

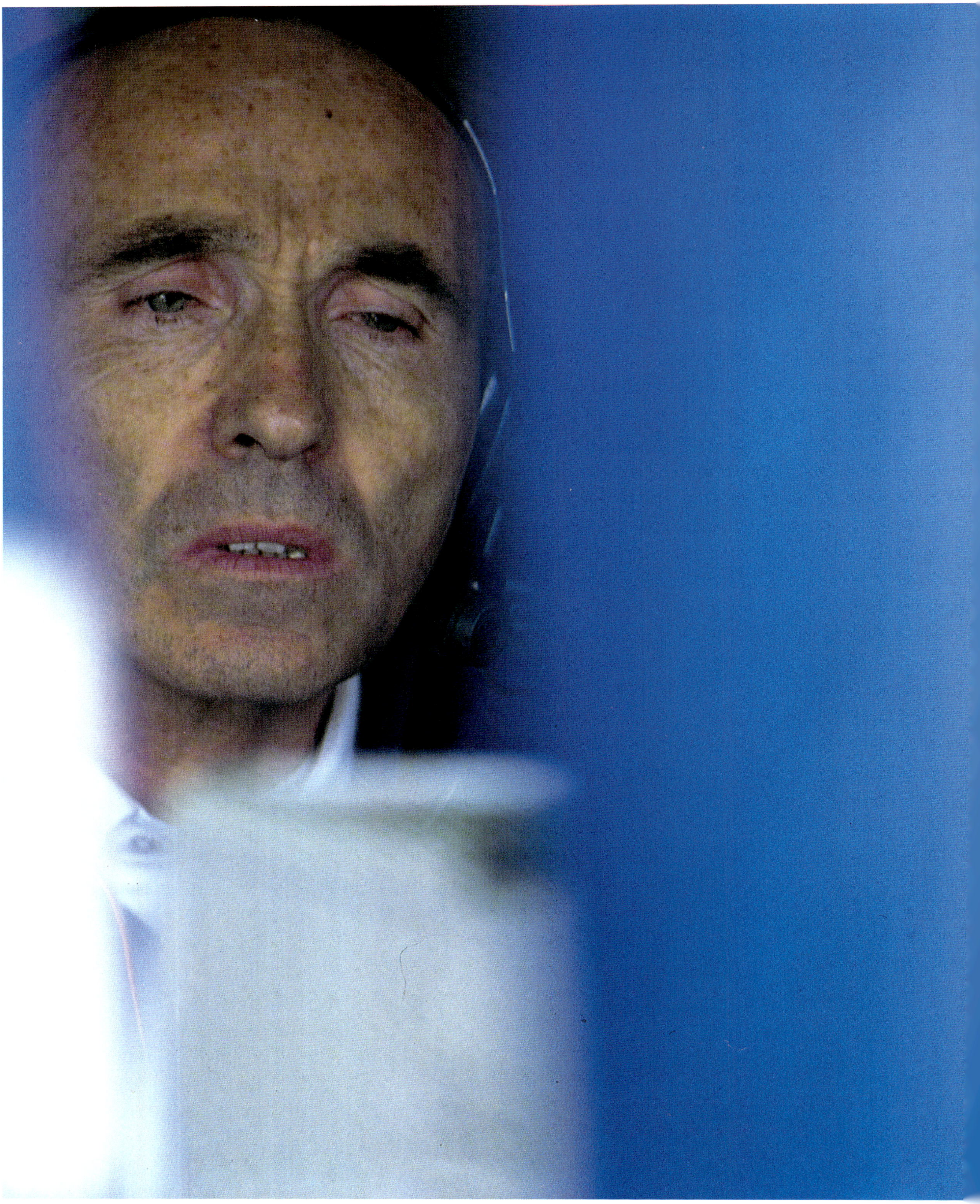

Frank Williams: a man who has given everything to Formula 1, but who lately has been unable to reap the true fruits of his work

Frank Williams, der der Formel 1 alles gegeben hat, aber in der letzten Zeit herzlich wenig zurückbekommen hat

Frank Williams: un uomo che ha dato tantissimo alla Formula 1, ma che ultimamente non riesce a raccogliere i giusti frutti del suo lavoro

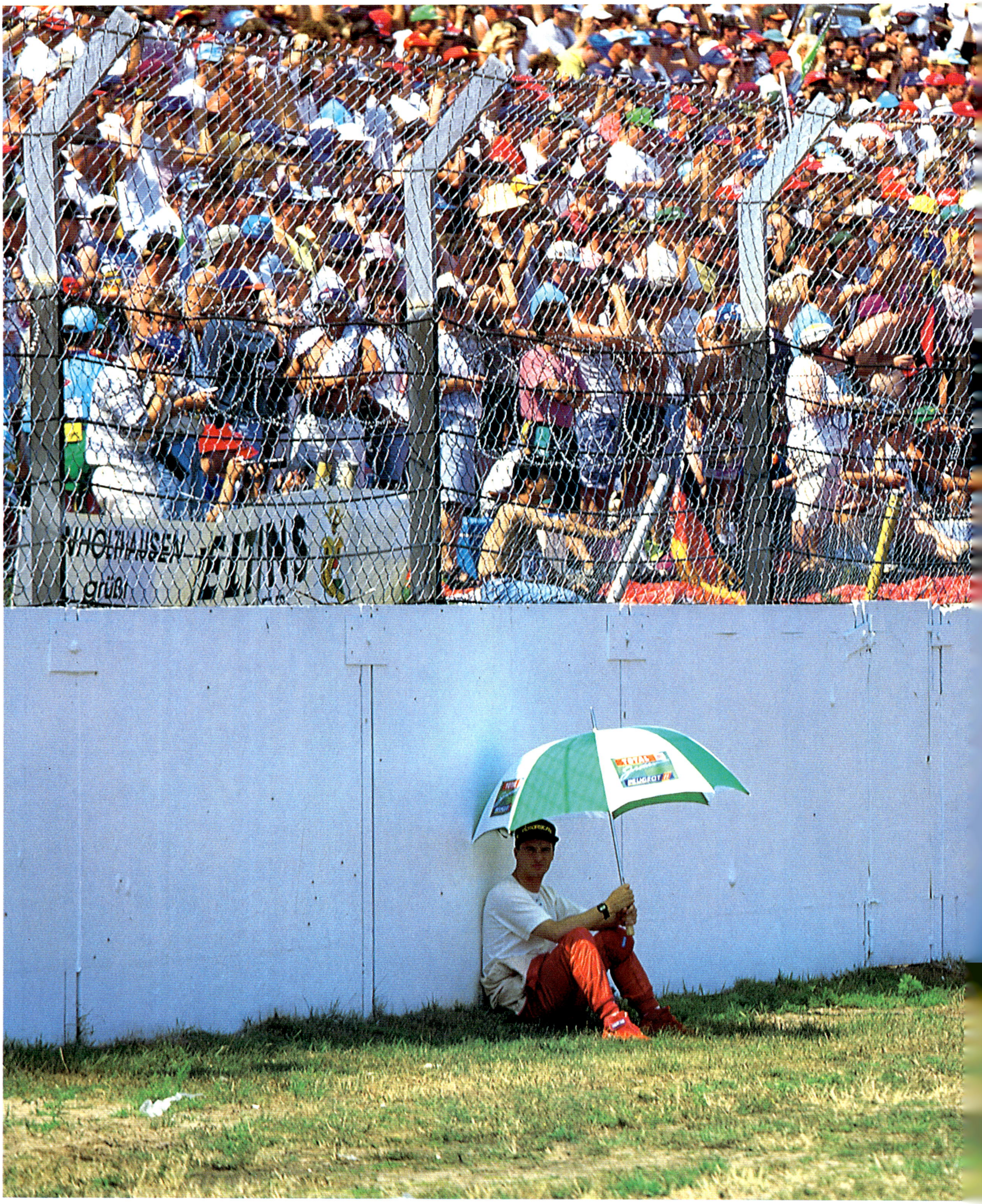
grüßt

THE SEARCH FOR PRIVACY (AND SOME SHADE) BEFORE THE START

AUF DER SUCHE NACH EINEM BISSCHEN PRIVACY (UND AUCH SCHATTEN) VOR DEM START

LA RICERCA DI UN PO' DI PRIVACY (MA ANCHE DI OMBRA) PRIMA DELLA PARTENZA

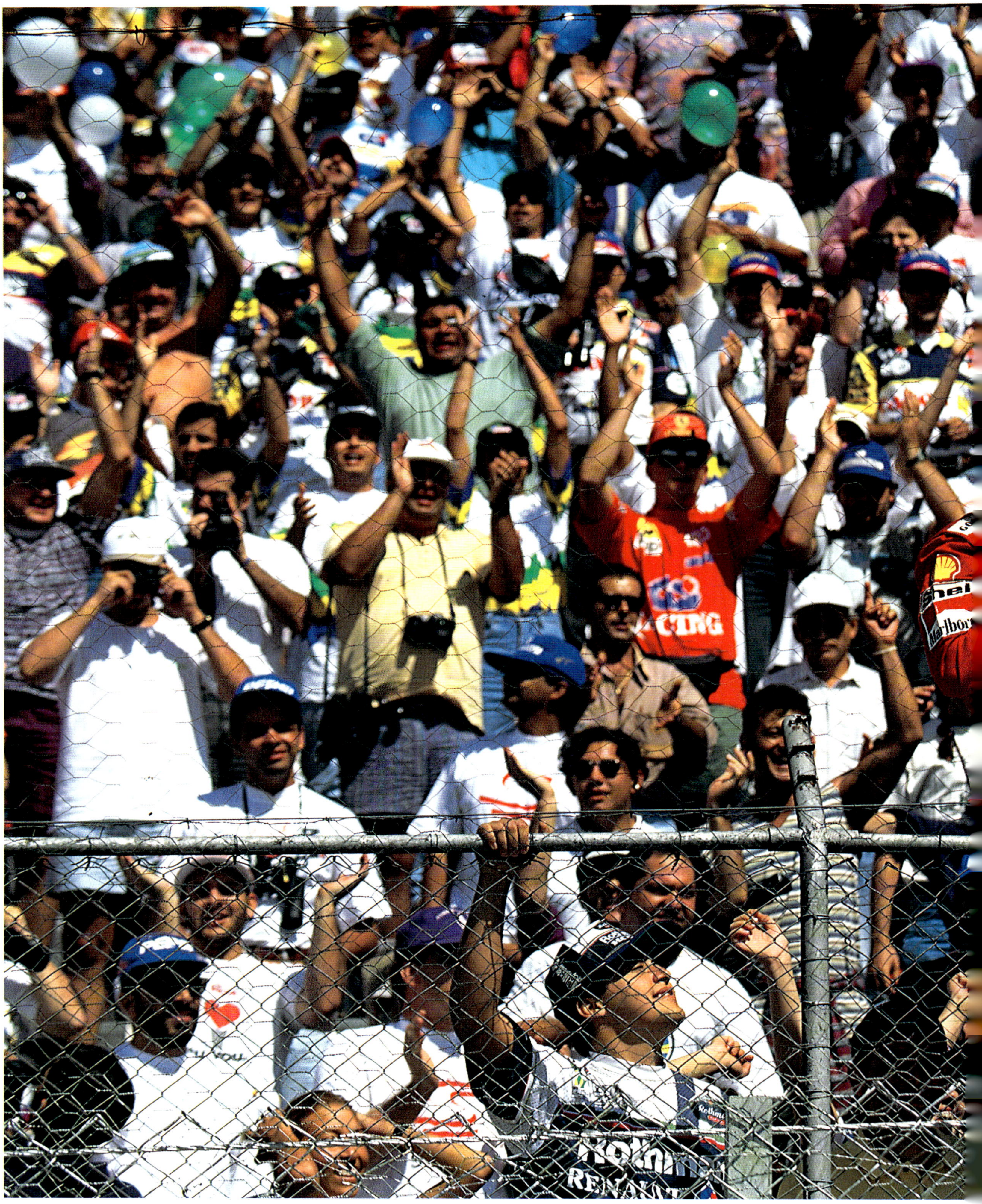

A YEAR AFTER HIS DEATH, AYRTON SENNA IS STILL THE MOST FAMOUS PERSON IN FORMULA 1. HERE WE ARE IN HIS HOMELAND, ON THE INTERLAGOS CIRCUIT

EIN JAHR NACH SEINEM TOD IST AYRTON SENNA WOHL NOCH IMMER DIE ALLSEITS BEKANNTESTE PERSÖNLICHKEIT DER FORMEL 1. HIER SIND WIR IN SEINER HEIMAT, AUF DEM RING VON INTERLAGOS

A UN ANNO DALLA SUA SCOMPARSA, AYRTON SENNA E' ANCORA IL PERSONAGGIO PIU' NOTO NELLA FORMULA 1. QUI SIAMO NELLA SUA PATRIA, SUL CIRCUITO DI INTERLAGOS

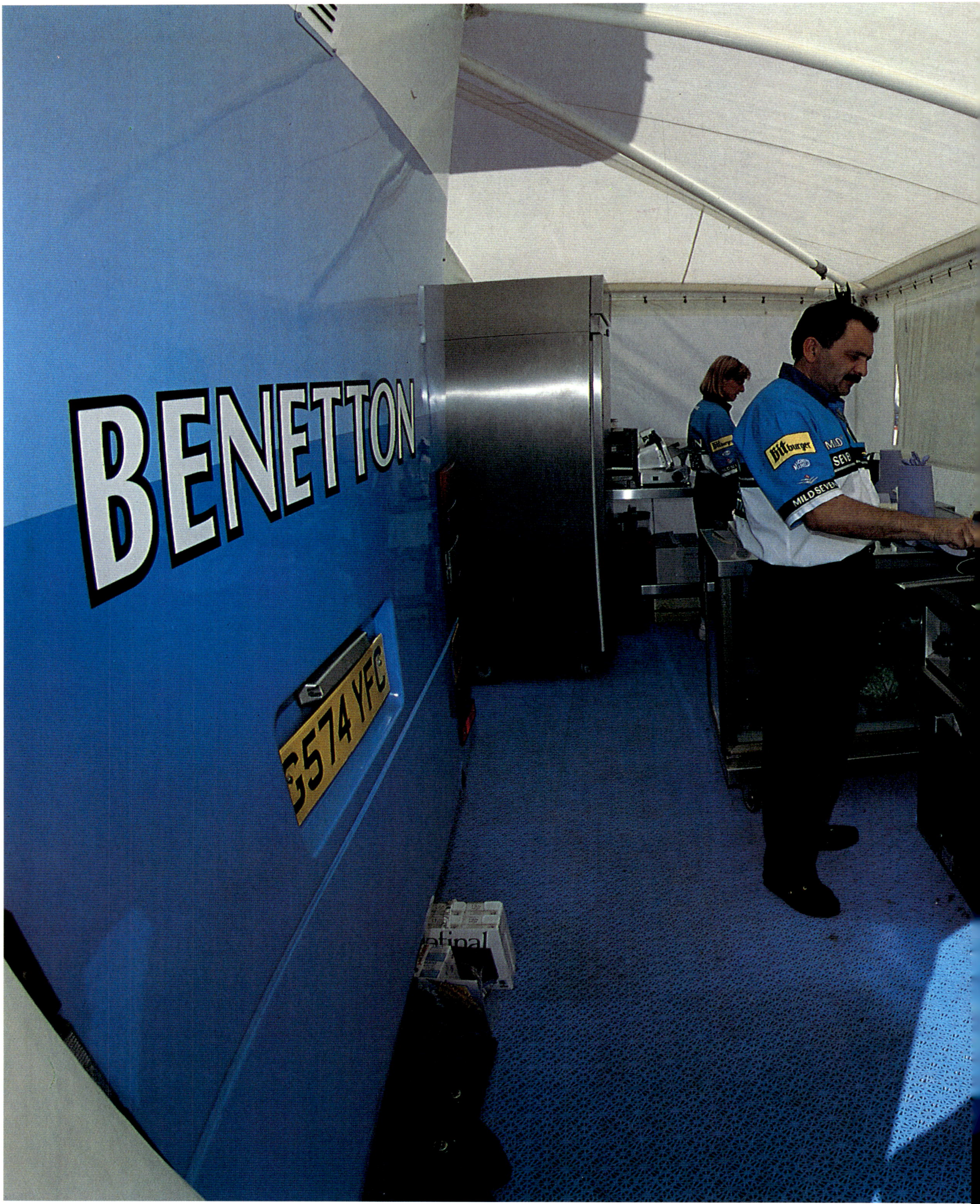
BENETTON
G574 YFC
Bitburger
MILD SEVEN

While the drivers are on the track for the free session, the cooks prepare the buffet for the team guests in the motor home

Während die Piloten auf der Piste probefahren, bereiten im Motorhome von Benetton die Köche das Büfett für die Gäste des Teams vor

Mentre i piloti sono in pista per le prove libere, nel motorhome della Benetton i cuochi preparano il buffet per gli ospiti del Team

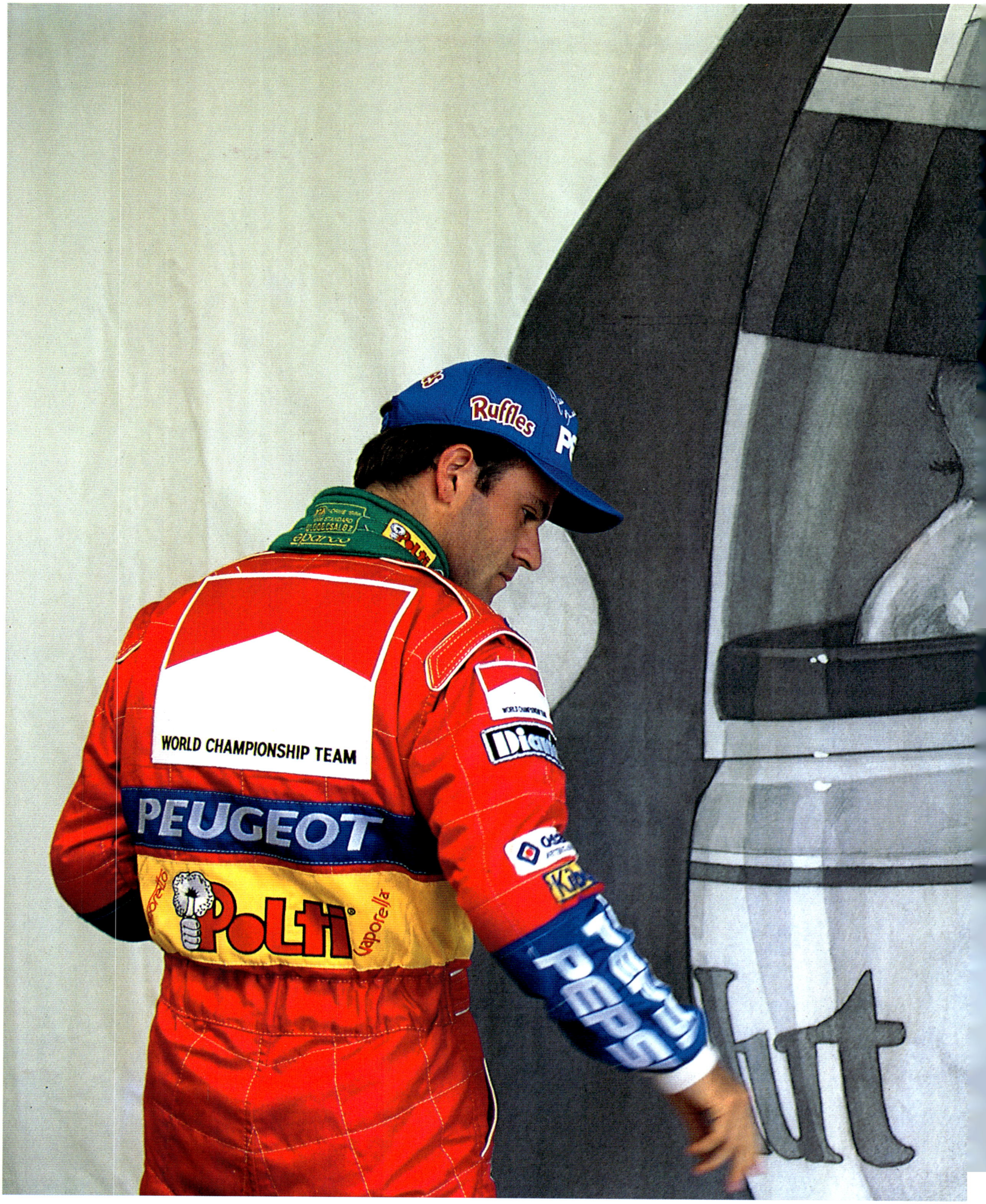
Ruffles
WORLD CHAMPIONSHIP TEAM
PEUGEOT
Polti
Vaporella

Rubens Barrichello, the Jordan driver is 24, and was born in Brazil in 1972: he began his Formula 1 career with Jordan in 1993

Rubens Barrichello, Fahrer bei Jordan, ist 1972 in Brasilien geboren. 1993 Debüt in der Formel 1 auf Jordan

Rubens Barrichello, pilota della Jordan. Ha 24 anni, essendo nato in Brasile nel 1972; ha debuttato in Formula 1 nel 1993 con la stessa Jordan

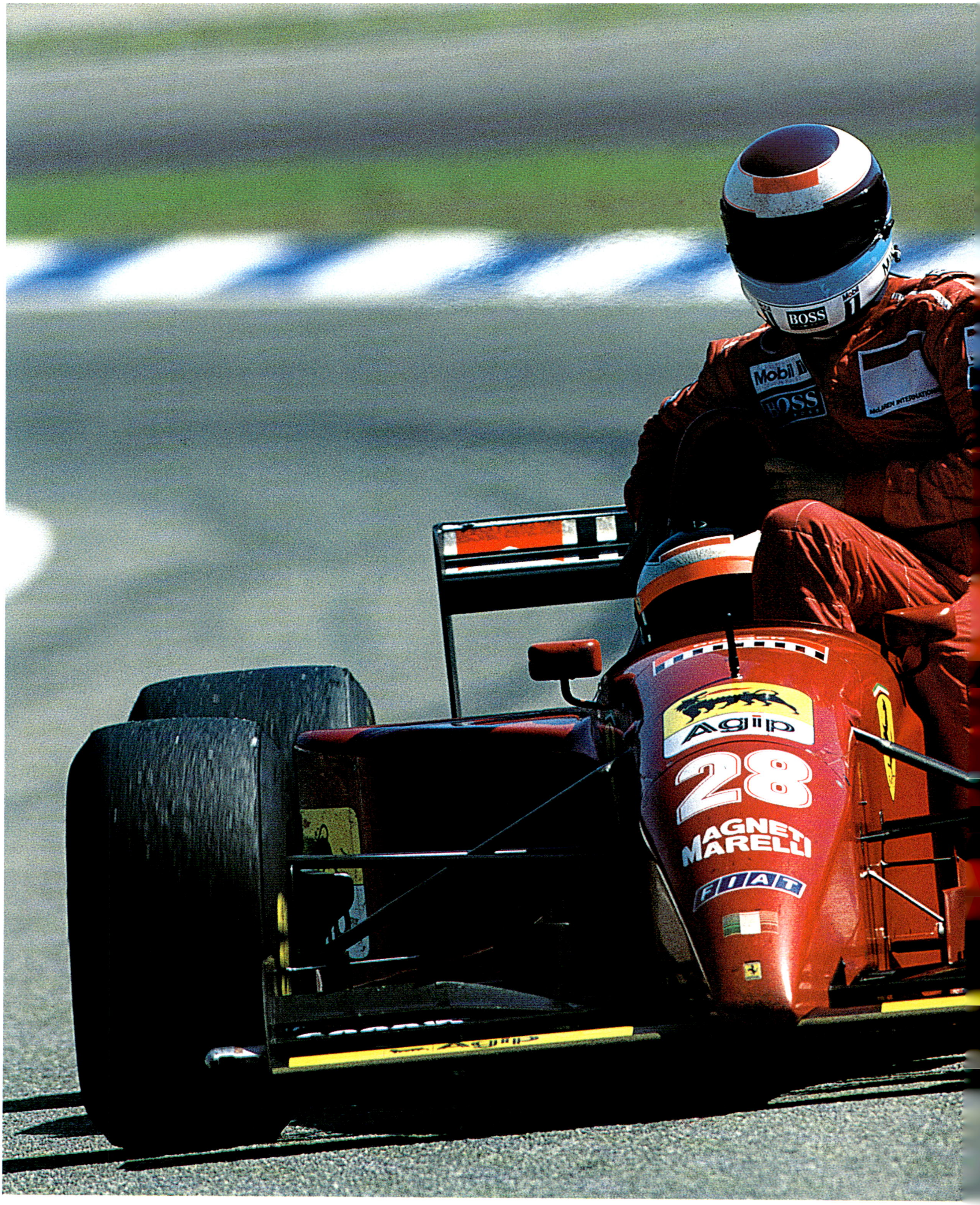
BOSS
Mobil
BOSS
Agip
28
MAGNETI MARELLI
FIAT

A TYPICAL SCENE AFTER A RACE - GIVING A LIFT TO COLLEAGUES WHO HAVE STOPPED ALONG THE TRACK DURING THE LAST LAP

EINE TYPISCHE SZENE AM ENDE EINES GP: WER BEIM RENNEN IRGENDWO AM RAND LIEGEN GEBLIEBEN IST, WIRD AM SCHLUß MITGENOMMEN

UNA TIPICA SCENA DI FINE CORSA: DARE UN PASSAGGIO VERSO I BOX AI COLLEGHI RIMASTI FERMI LUNGO LA PISTA DURANTE L'ULTIMO GIRO

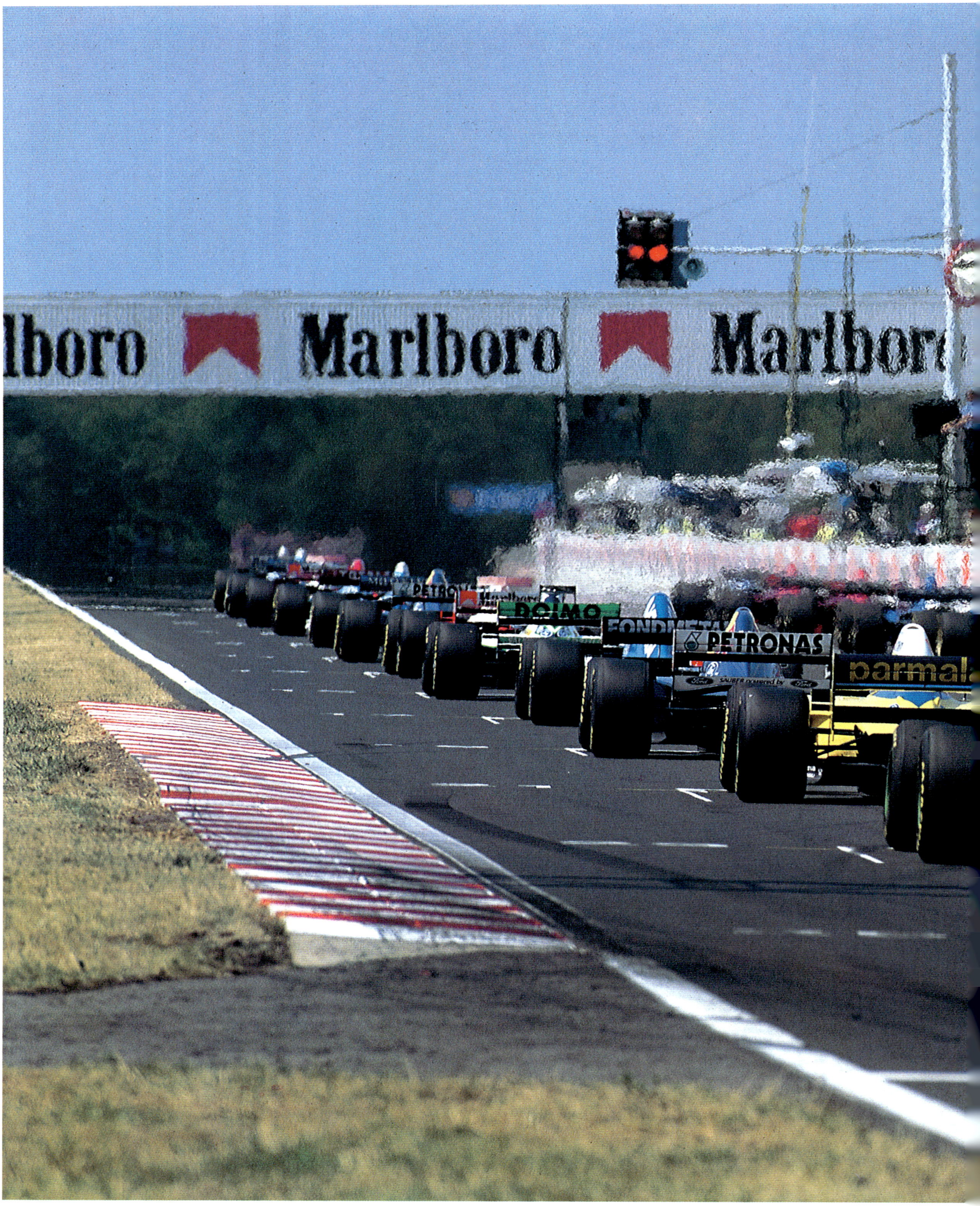
Marlboro
Marlboro
PETRONAS

THE MOST IMPORTANT, AND MOST DELICATE, PART OF THE RACE - THE START

DER WICHTIGSTE UND HÖCHSTDELIKATE AUGENBLICK: DER START

IL PIU' IMPORTANTE E DELICATO MOMENTO DELLA GARA: LA PARTENZA

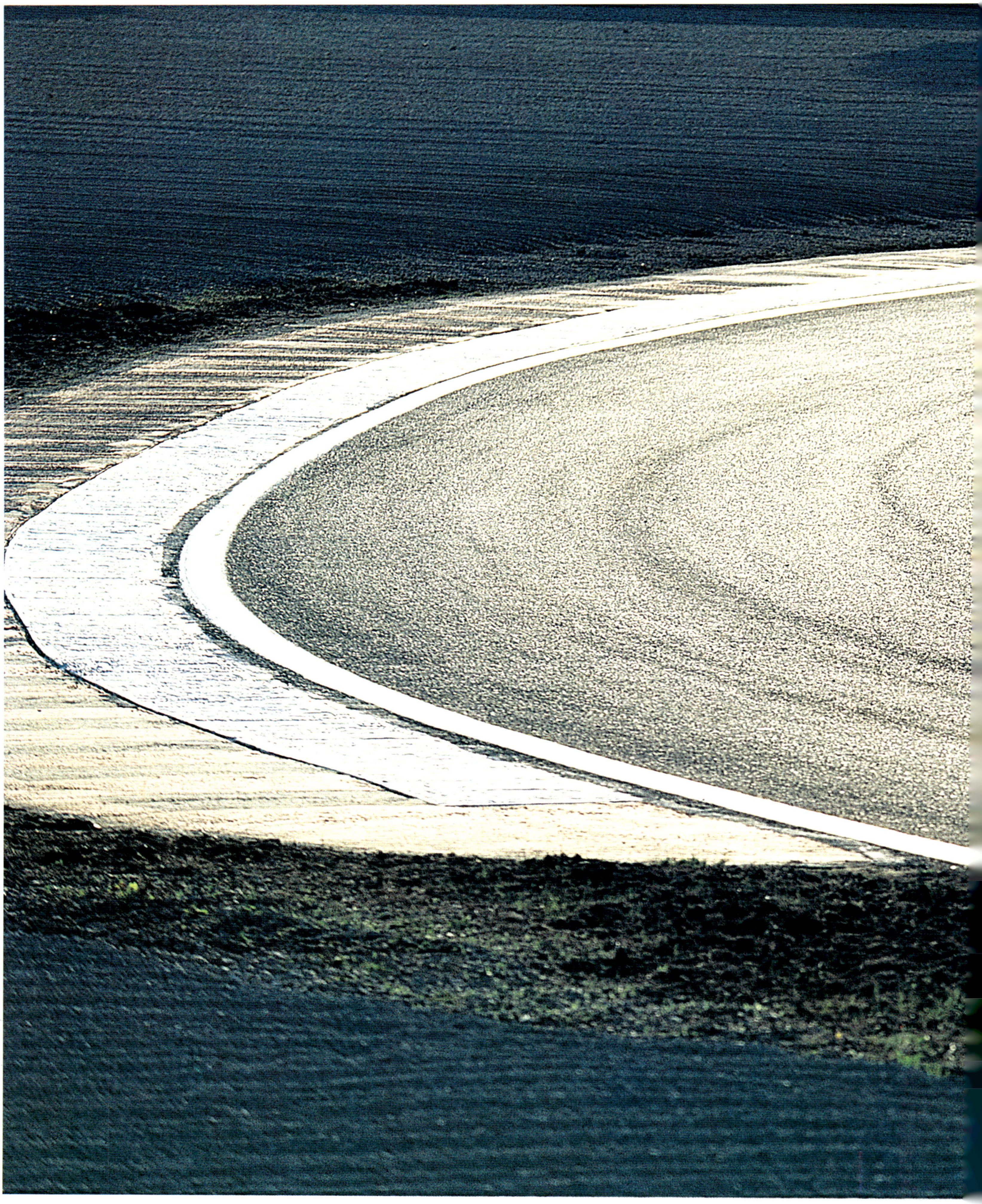

Portuguese Grand Prix: a class photo by Bryn Williams. The subject is Jean Alesi's Ferrari

Großer Preis von Portugal: der Ferrari von Jean Alesi, aufgenommen vom Starfotografen Bryn Williams

Gran Premio del Portogallo: una foto d'autore di Bryn Williams. Il soggetto e' la Ferrari di Jean Alesi

Red
Ford
SAUBER

ARGENTINE GRAND PRIX: FLAMES COME OUT OF THE SAUBER EXHAUST PIPES

GROßER PREIS VON ARGENTINIEN: FLAMMEN AUS DEM AUSPUFF DES SAUBER.

GRAN PREMIO DI ARGENTINA: ESCONO FIAMMATE DAI TUBI DI SCARICO DELLA SAUBER

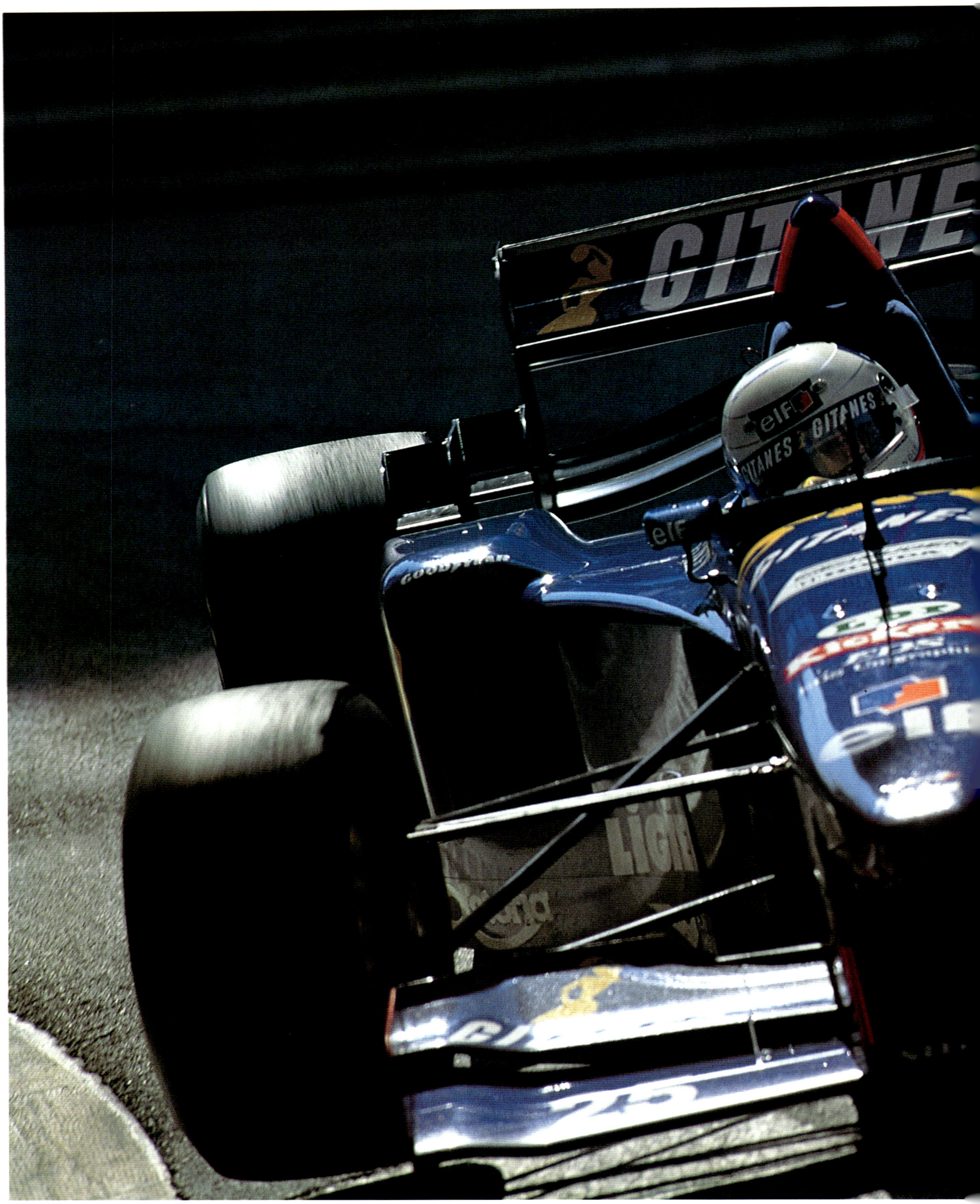
GITANES
elf
GITANES
GOODYEAR
Ligier

Monaco Grand Prix: Martin Brundle (Ligier) before his accident with Jean Alesi

Großer Preis von Monte Carlo: Martin Brundle (Ligier) vor dem Unfall mit Jean Alesi.

Gran Premio di Monaco: Martin Brundle (Ligier) prima dell'incidente con Jean Alesi

ONS
TECHNOGYM
seal's system
RENAULT
elf
1
BENETTON
Lpi
SONAX

THE GERMAN GRAND
PRIX: AN UNUSUAL
PHOTO OF MICHAEL
SCHUMACHER'S
BENETTON BEING TOWED
INTO THE PITS

GROẞER PREIS VON
DEUTSCHLAND: EIN
KURIOSES FOTO DES
BENETTON VON MICHAEL
SCHUMACHER, WÄHREND
ER ZU DEN BOXEN
ABGESCHLEPPT WIRD

GRAN PREMIO DI
GERMANIA: UNA
CURIOSA FOTOGRAFIA
DELLA BENETTON DI
MICHAEL SCHUMACHER
TRAINATA AI BOX

LOCTITE
ABAC
Marlboro
BOSS
Mercedes-Benz
Marlboro
TENCEL
Mobil
1
COURTAULDS
MIKA

**BUENOS AIRES:
MIKA HAKKINEN
(MCLAREN)**

Agip
GOODYEAR
FIAT
BERGER
PIONEER
MAGNETI MARELLI
Agip
arexons
brembo
SKF

**NÜRBURGRING:
GERHARD BERGER
(FERRARI)**

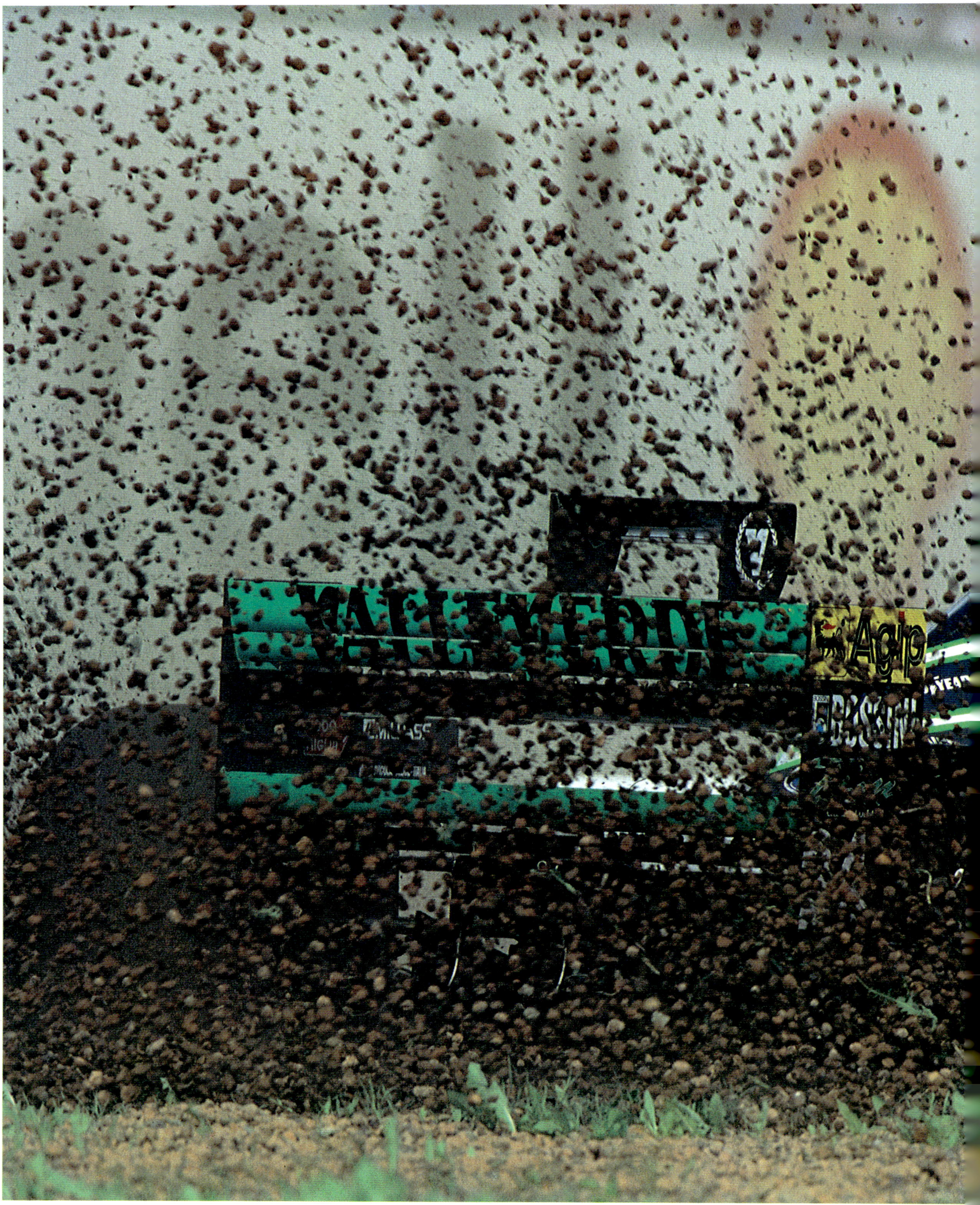
Agip

Argentine Grand Prix: an unfortunate race for the two cars of the Minardi team - an accident takes them both off the track

Großer Preis von Argentinien: *schwarzer Tag für die Wagen aus dem Stall Minardi, aus dem Rennen geworfen (Unfall).*

Gran Premio di Argentina: gara sfortunata per le vetture della scuderia Minardi, entrambe fuori pista per incidente

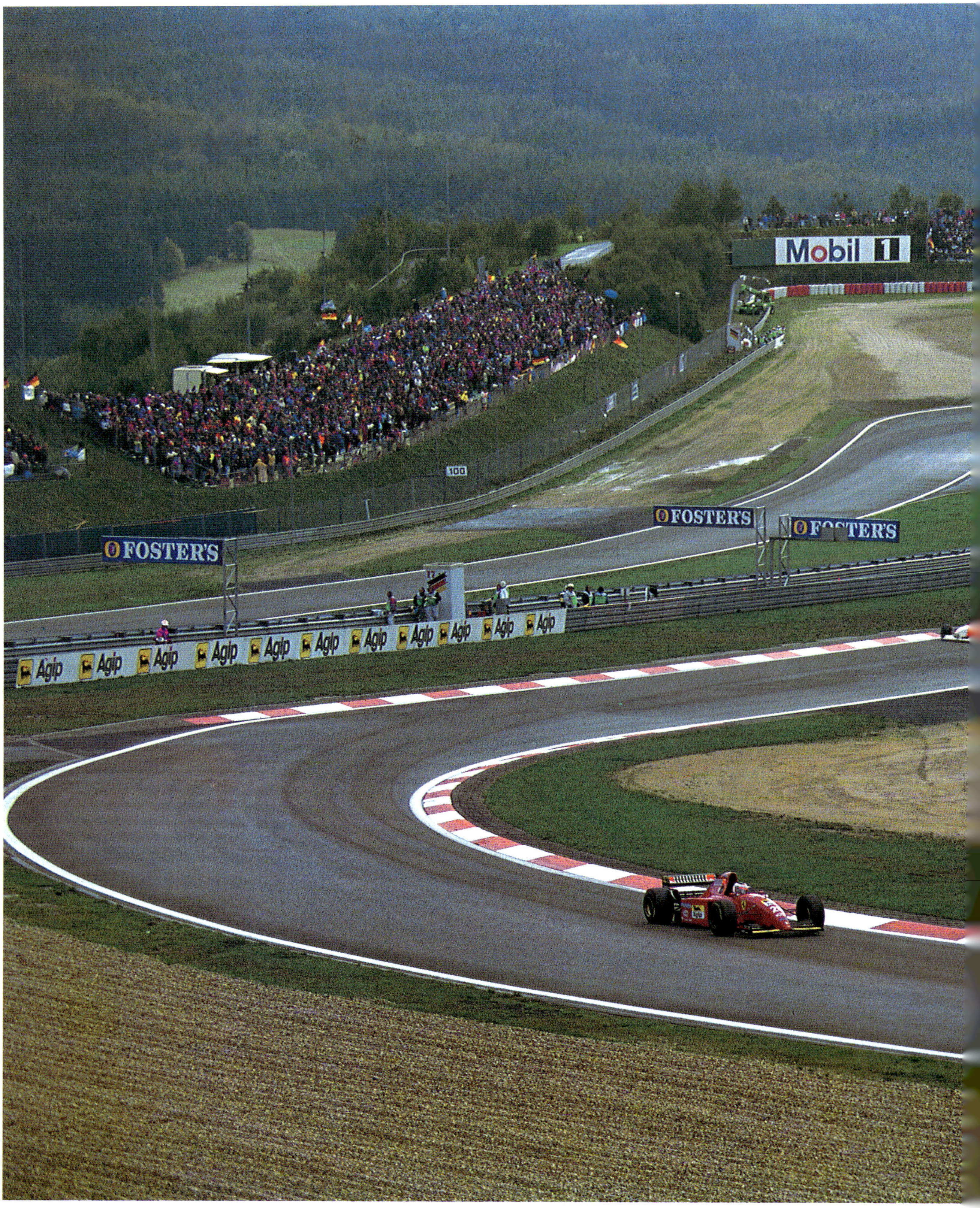
Mobil 1
FOSTER'S
FOSTER'S
FOSTER'S
100
Agip

A SPLENDID, WIDE PANORAMA OF THE NÜRBUGRING

DAS EINDRUCKSVOLLE PANORAMA DES NÜRBURGRINGS

UN'AMPIA E SUGGESTIVA PANORAMICA DEL NÜRBURGRING

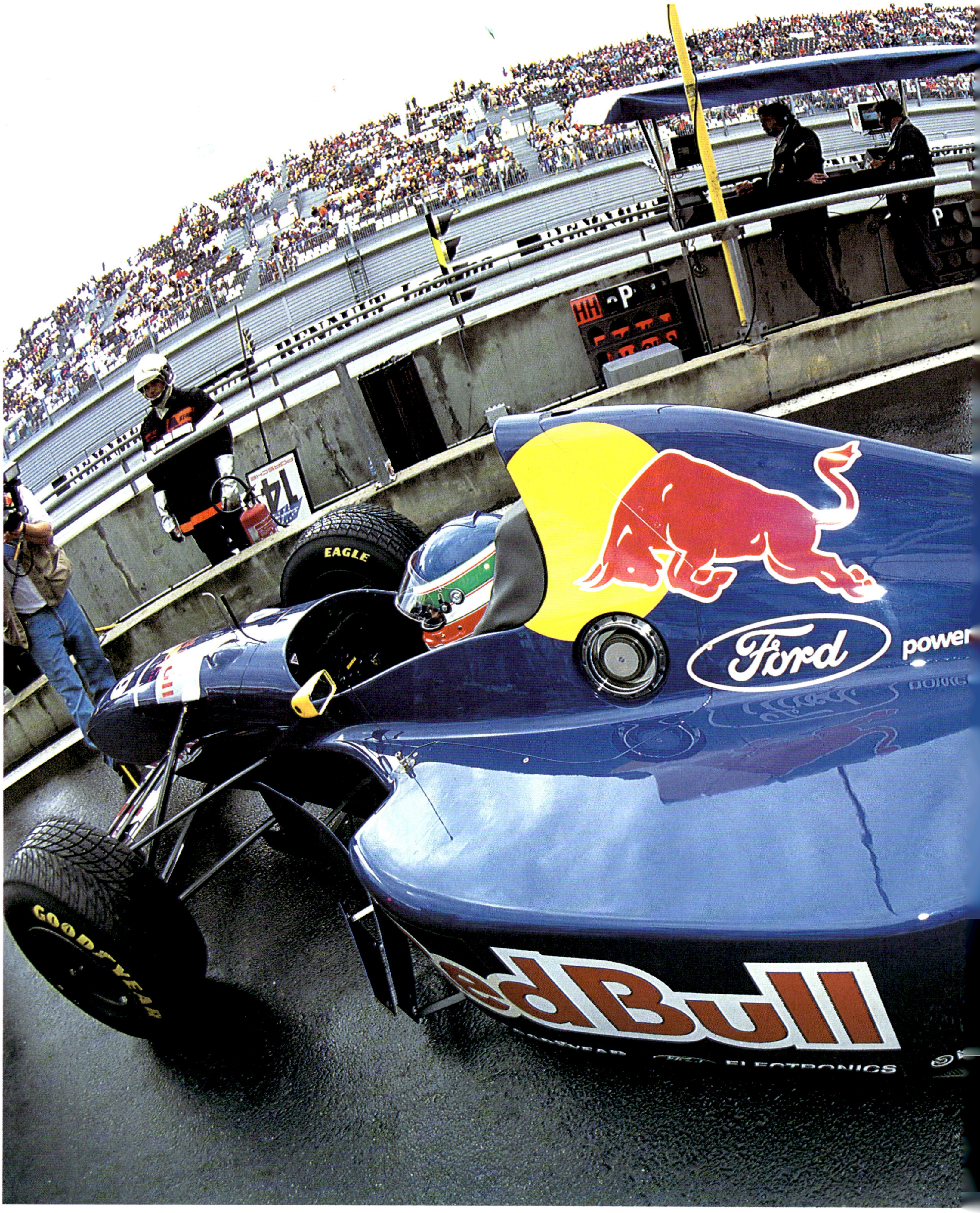
EAGLE
Ford
power
GOODYEAR
edBull
ELECTRONICS

KARL WENDLINGER'S
SAUBER STOPS IN THE
PIT, BUT IN THIS PHOTO IT
GAINS A CERTAIN
DYNAMISM

*DER SAUBER VON KARL
WENDLINGER, HIER AN DEN
BOXEN, EIN SCHÖNES
BEISPIEL FÜR
AERODYNAMIK*

LA SAUBER DI KARL
WENDLINGER, FERMA AI
BOX, IN QUESTA FOTO
ACQUISTA UN'INDUBBIA
DINAMICITÀ

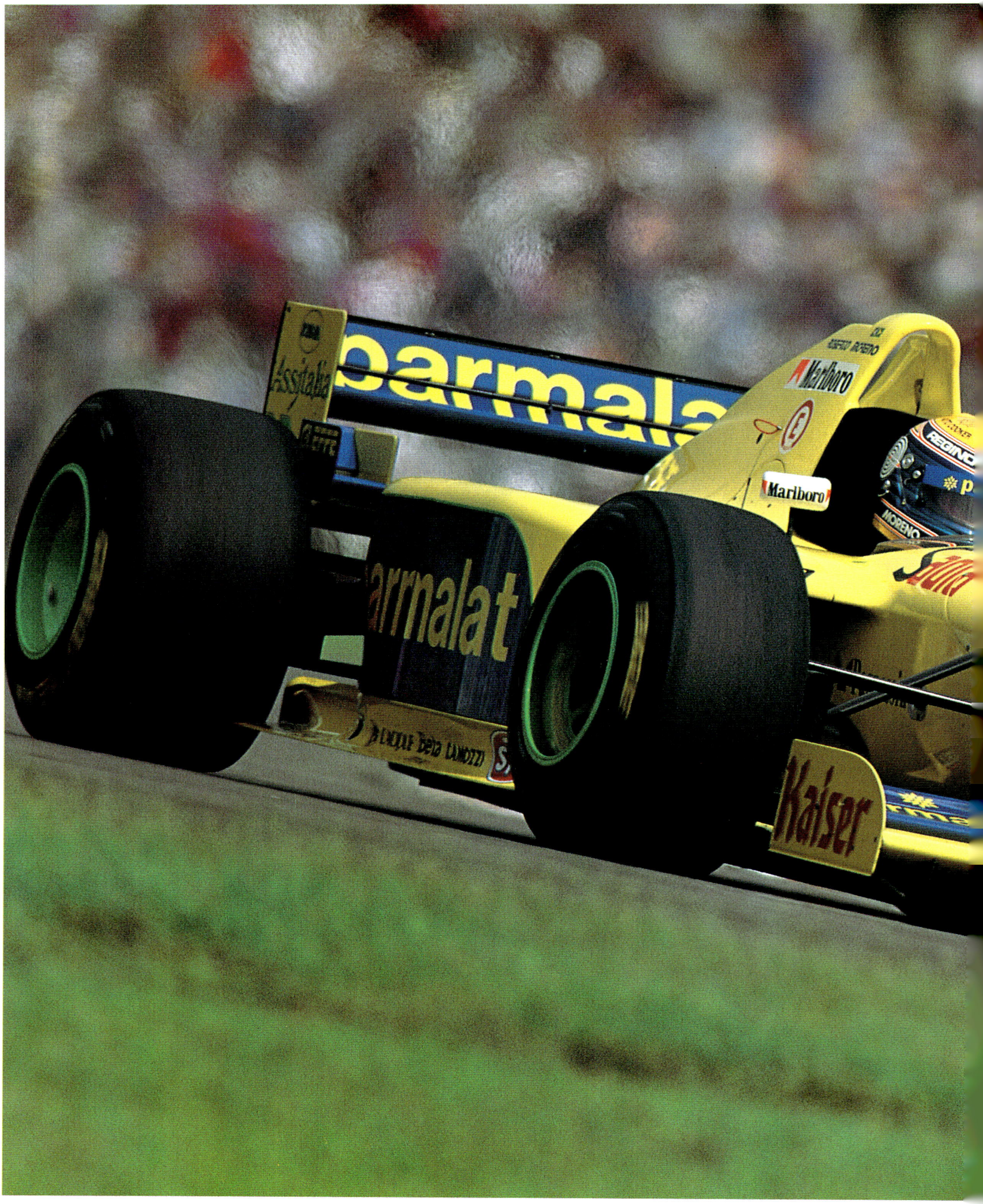
parmala
Marlboro
Marlboro
Kaiser

The Brazilian Pedro Diniz is both driver and sponsor, together with Parmalat, of the Italian Forti team

Der Brasilianer Pedro Diniz ist zugleich Fahrer und (zusammen mit Parmalat) Sponsor des italienischen Stalles Forti

Il Brasiliano Pedro Diniz e' contemporaneamente pilota e sponsor -insieme a Parmalat- della scuderia italiana Forti

Marlboro
Mercatone Uno
Agip
COCIF
Marlboro
derby
FONTANA
COCIF
MAGNETI MARELLI
RBM
23
FRAMON
GOODYEAR

ALTHOUGH THE CARS OF THE ITALIAN MINARDI TEAM WERE EXCELLENT, THEY DID NOT ACHIEVE THE RESULTS THEY MERITED. IN THE PHOTO: PEDRO LAMY

DIE WAGEN DES ITALIENISCHEN STALLS MINARDI HABEN TROTZ IHRES GUTEN NIVEAUS NICHT DIE RESULTATE GEBRACHT, DIE SIE VERDIENT HÄTTEN. AUF DEM FOTO: PEDRO LAMY

LE VETTURE DELLA SCUDERIA ITALIANA MINARDI, SEBBENE DI OTTIMO LIVELLO, NON HANNO RAGGIUNTO I RISULTATI CHE AVREBBERO MERITATO. NELLA FOTO: PEDRO LAMY

MILD
SEVEN
SEVEN
Bitburger
ORACLE
sikkens
USAG
brembo
MILD
GOODYEAR

**MICHAEL SCHUMACHER
(BENETTON)**

Polti
RICARDO
ULIVETO
S.T.M.
DALE GROUP
osama
WRITING INSTRUMENTS

RUBENS BARRICHELLO AT THE WHEEL OF HIS JORDAN: THE TV CAMERA MOUNTED ON THE ROLL BAR CAN ALSO BE SEEN

RUBENS BARRICHELLO AM STEUER SEINES JORDAN. MAN BEACHTE DIE TV-KAMERA OBEN AUF DEM ROLL-BAR

RUBENS BARRICHELLO ALLA GUIDA DELLA JORDAN: SI NOTA, IN ALTO, LA TELECAMERA MONTATA SUL ROLLBAR

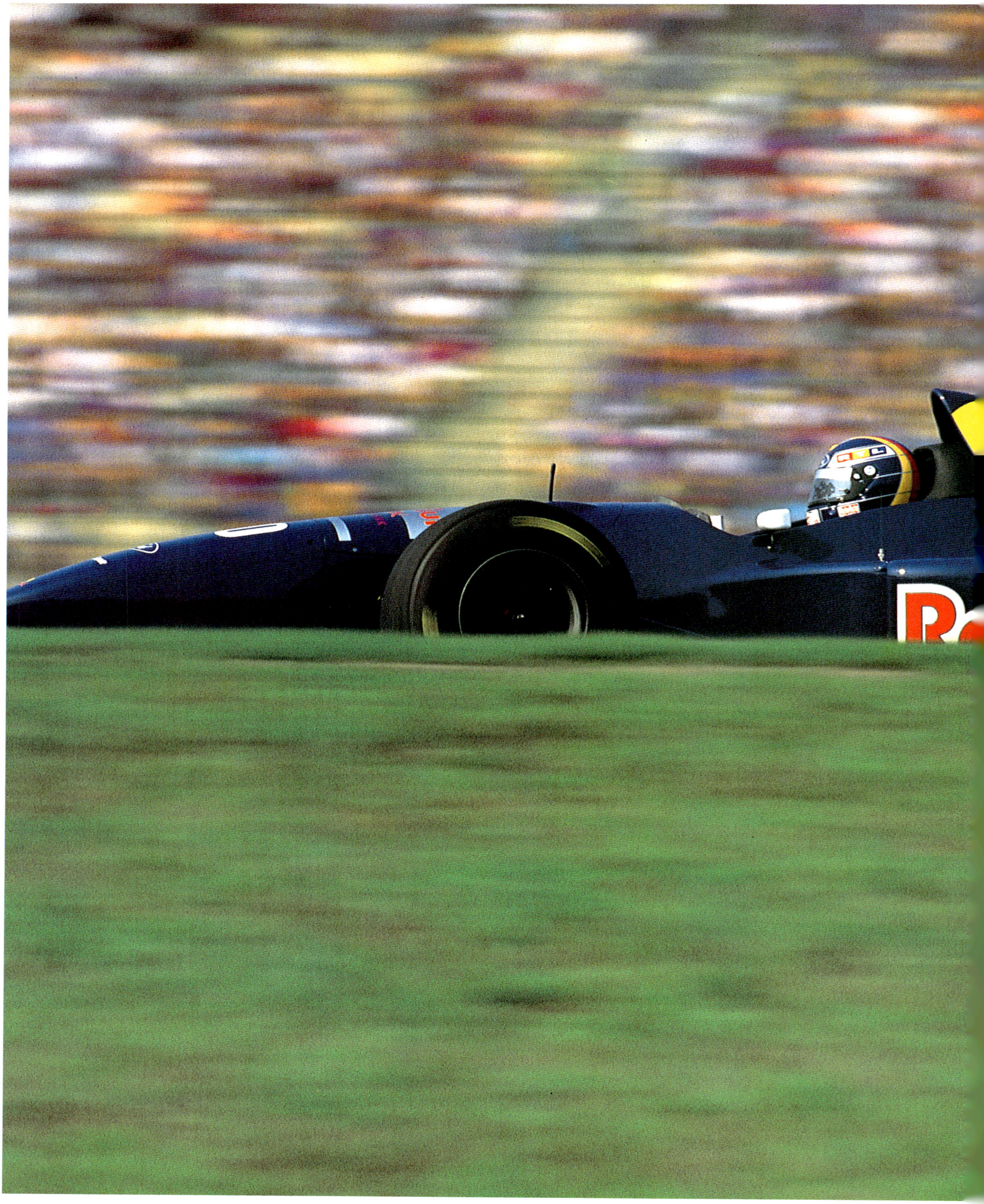

HEINZ-HARALD FRENTZEN
(SAUBER)

A SURREAL ATMOSPHERE IN THIS PHOTOGRAPH TAKEN DURING A DOWNPOUR

EINE SURREALE LANDSCHAFT IM STRÖMENDEN REGEN

UN PAESAGGIO SURREALE IN QUESTA FOTOGRAFIA SOTTO L'ACQUAZZONE

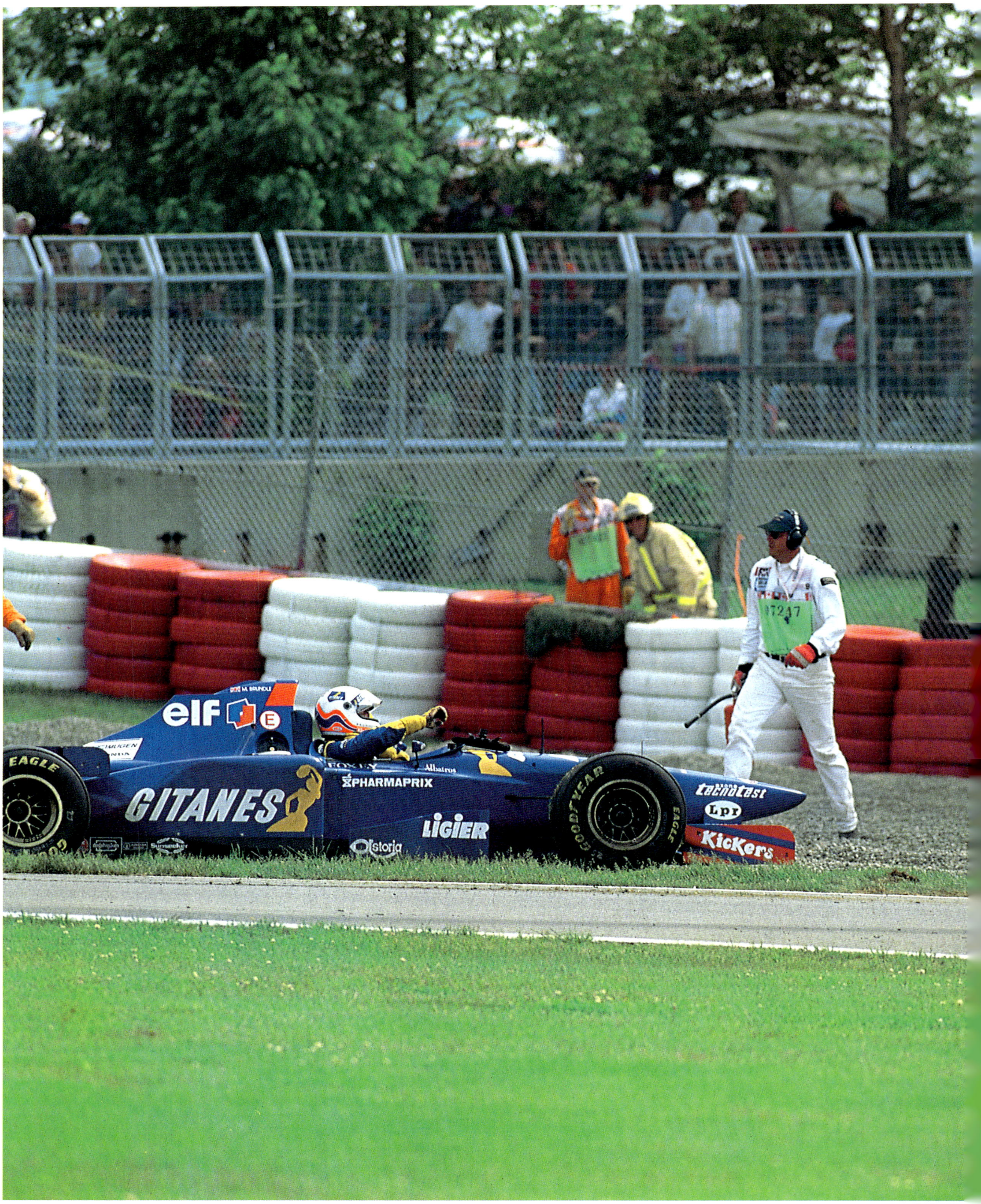
elf
GITANES
PHARMAPRIX
LIGIER
Lpr
KicKers
GOOD YEAR
EAGLE

Martin Brundle in a Ligier and Gerhard Berger in a Ferrari collide during the Canadian Grand Prix- this is the result

Grand Prix von Kanada: Kollision von Martin Brundle (Ligier) und Gerhard Berger (Ferrari) und das ist das Ergebnis...

Gran Premio del Canada: Martin Brundle su Ligier e il Ferrarista Gerhard Berger entrano in collisione: ecco il risultato...

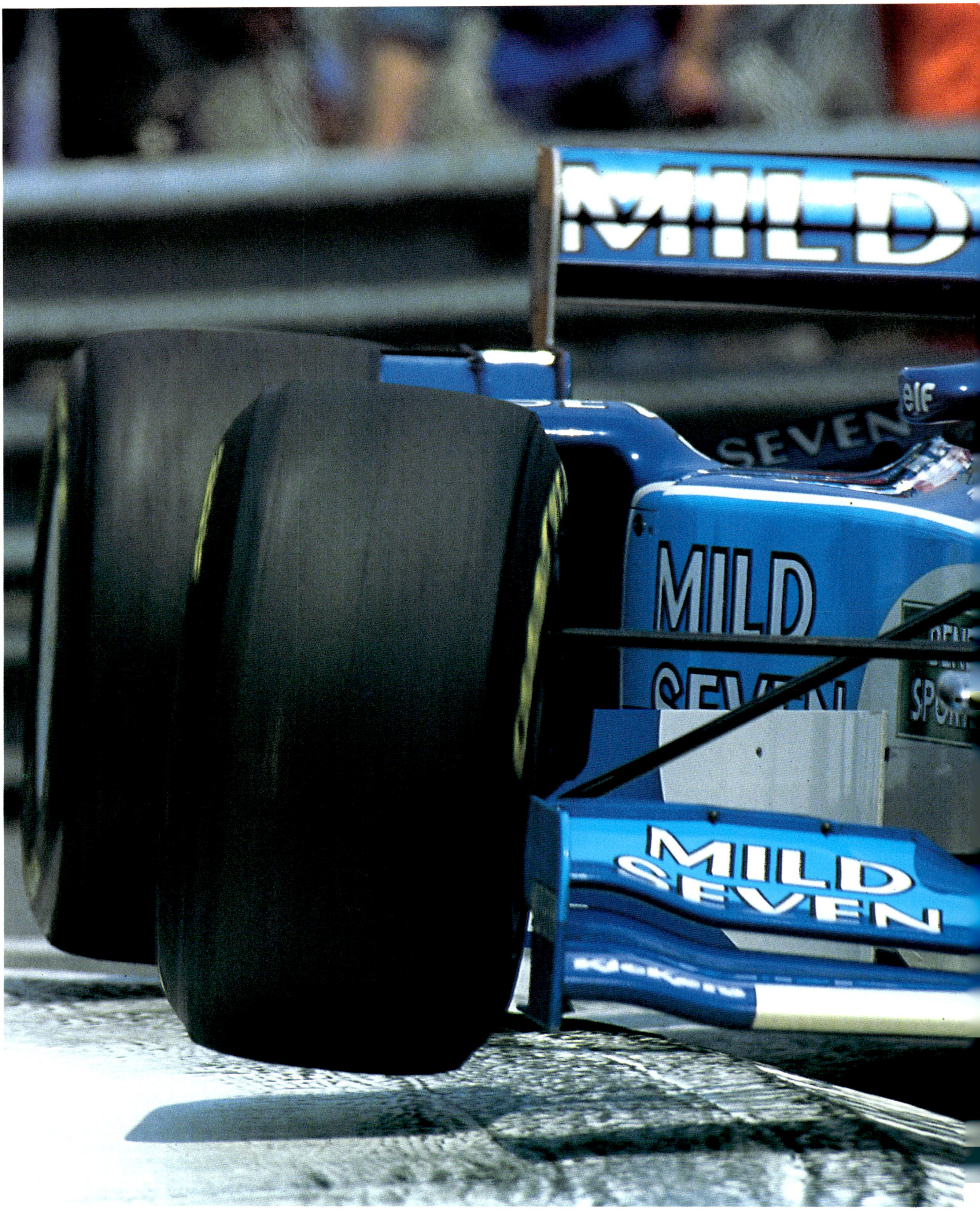

STEERING, SUSPENSION, GEARBOX AND...WHEELS WERE THE MAIN VICTIMS DURING THE MONACO GRAND PRIX

LENKUNG, FEDERUNG, GETRIEBE UND... REIFEN WAREN DIE HAUPTLEIDTRAGENDEN BEIM GROßEN PREIS VON MONTE CARLO

STERZO, SOSPENSIONI, CAMBIO E... GOMME SONO STATE LE PRINCIPALI VITTIME DEL GRAN PREMIO DI MONACO

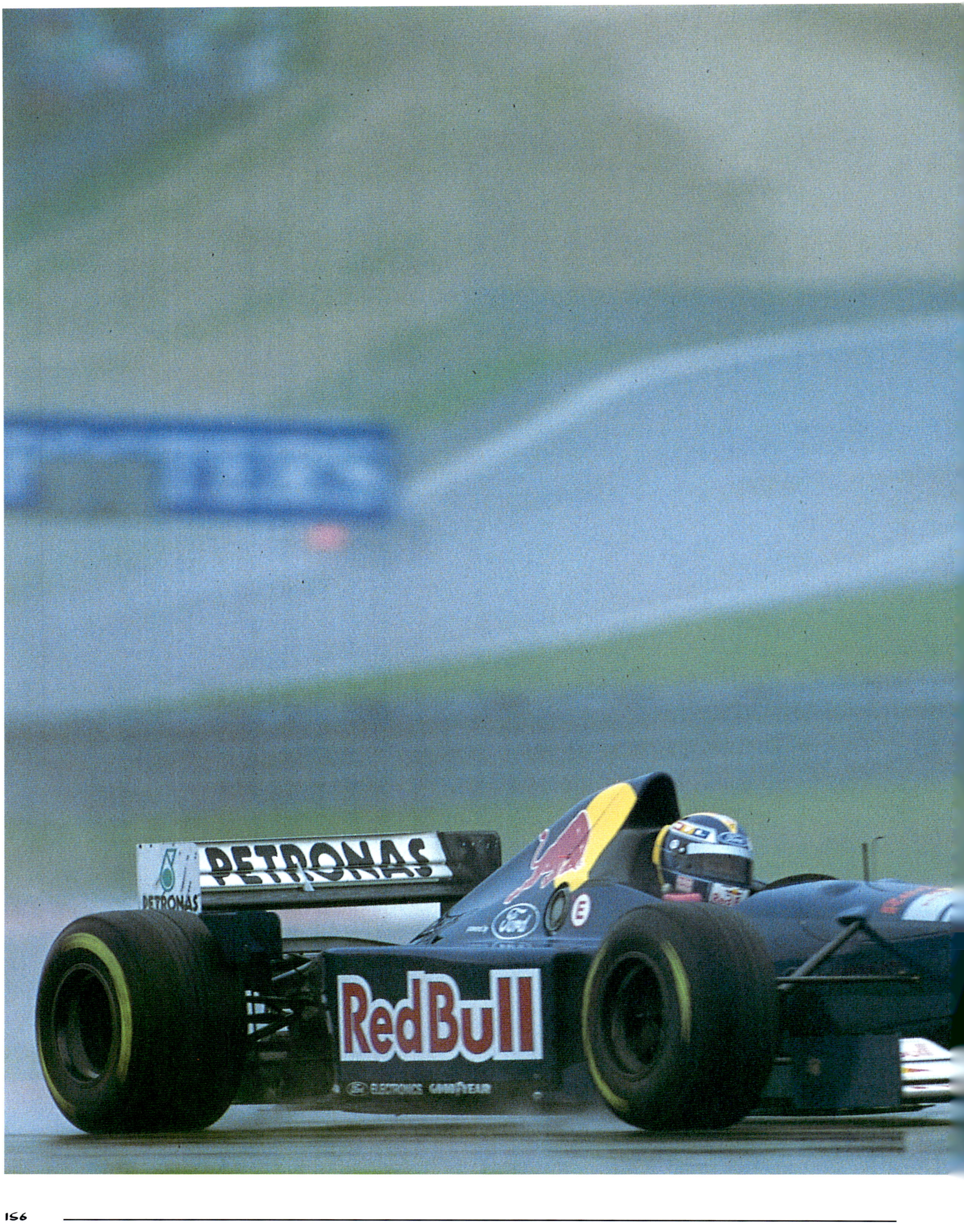
PETRONAS
PETRONAS
RedBull
ELECTRONICS GOODYEAR

Heinz-Harald Frentzen's Sauber team in typical drizzle at the German Nürbugring circuit

Der Sauber von Heinz-Harald Frentzen im typischen Sprühregen auf dem Nürburgring

La Sauber di Heinz-Harald Frentzen nella pioggerellina tipica del circuito tedesco del Nürburgring

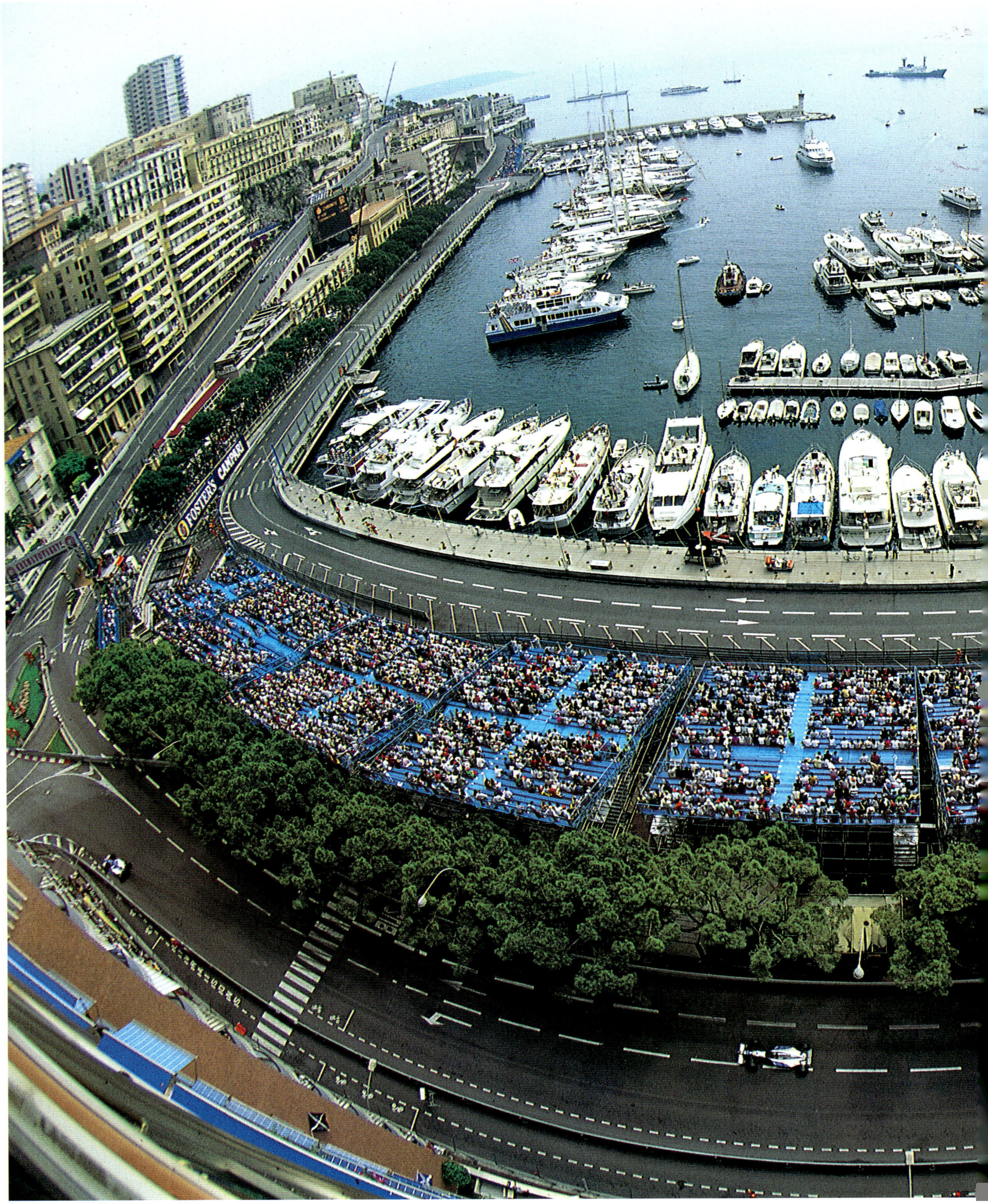
FOSTERS
CAMPARI

A SPECTACULAR VIEW OF
THE STREET CIRCUIT OF
MONTE CARLO, WITH THE
SURROUNDING PORT

***HERRLICHE ANSICHT DES
STADTRINGS VON MONTE
CARLO (MIT DEM
HAFENBEZIRK)***

UNA SPETTACOLARE
VEDUTA DEL CIRCUITO
CITTADINO A
MONTECARLO, CON LA
ZONA DEL PORTO

MARLBORO McLAREN MERCEDES
Marlboro
Marlboro
Rothmans
RENAULT

THE SPANISH GRAND
PRIX: ONE OF DAMON
HILL'S MANY
RETIREMENTS IN 1995

***GROßER PREIS VON
SPANIEN: UND WIEDER
MUSS DAMON HILL IN
DIESER SAISON AUFGEBEN***

GRAN PREMIO DI
SPAGNA: UNO DEI
NUMEROSI RITIRI DI
DAMON HILL NEL CORSO
DEL 1995

162

Recovering Michael Schumacher's car at San Marino

Großer Preis von San Marino: der Wagen Michael Schumachers ist abschleppreif

Gran Premio di San Marino: il recupero della vettura di Michael Schumacher

PETRONAS
MALAYSIA
GOODYEAR
29
powered by Ford
E
Red Bull
brembo
Ford ELECTRONICS
GOODYEAR

The Sauber team, sponsored by Red Bull, did well in 1995, especially thanks to the performances of Heinz-Harald Frentzen

Der Stall von Sauber (Sponsor Red Bull) hat 1995 einen guten Eindruck hinterlaßen dank vor allem der Performance von Heinz-Harald Frentzen

La scuderia Sauber, sponsorizzata da Red Bull, si e' ben comportata nel 1995, soprattutto grazie alle performances di Heinz-Harald Frentzen

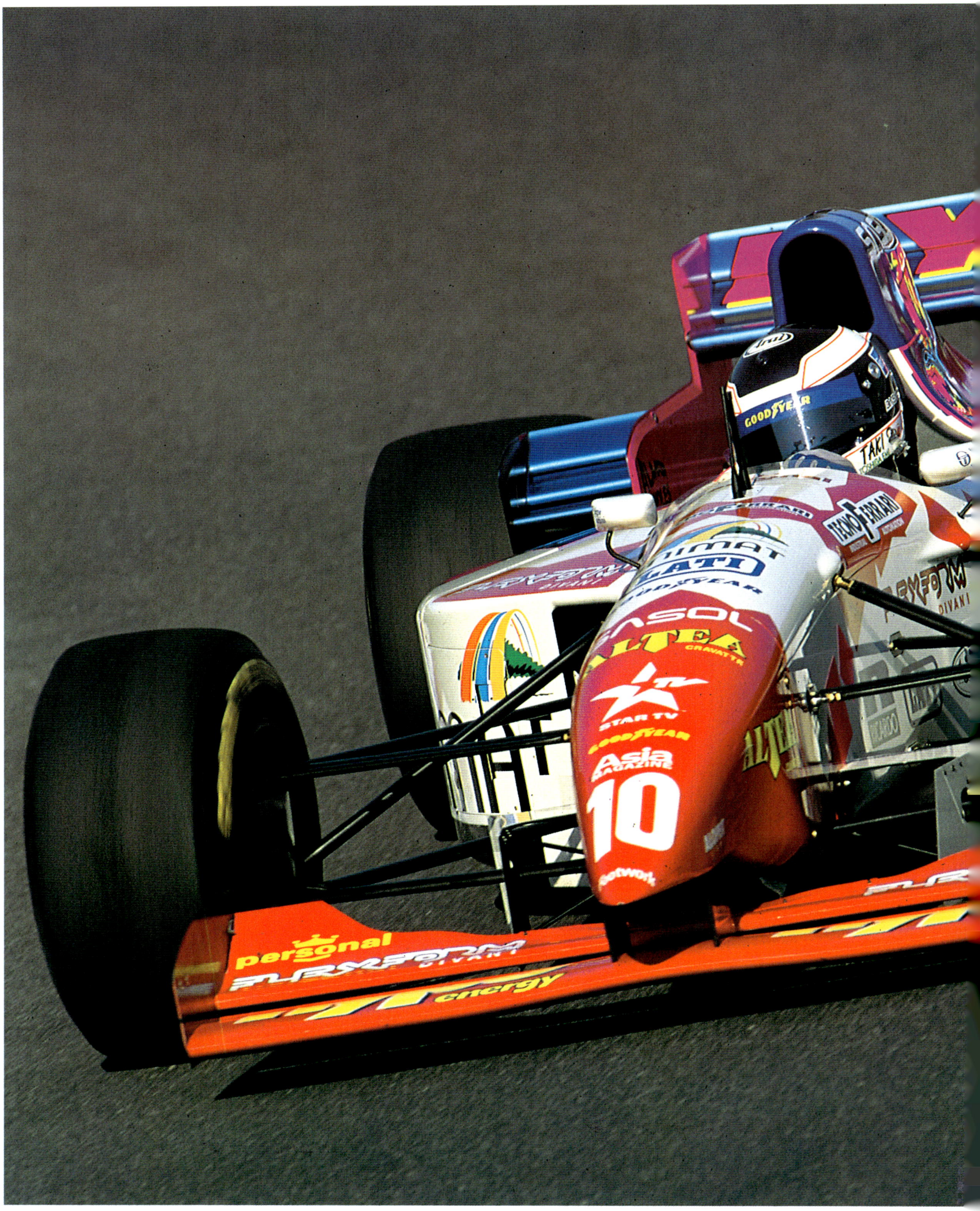
10
STAR TV
Asia MAGAZINE
personal
energy

PORTUGUESE GRAND
PRIX: TAKI INOUE IN A
FOOTWORK FINISHES IN
FIFTEENTH PLACE

**GROßER PREIS VON
PORTUGAL: TAKI INOUE
AUF FOOTMARK WIRD MIT
PLATZ 15 LETZTER**

GRAN PREMIO DEL
PORTOGALLO: TAKI
INOUE SU FOOTWORK.
GIUNGERÀ ULTIMO, IN
QUINDICESIMA POSIZIONE

HUTCHINSON
TOTAL
IRELAND
Marlboro
VODKA
Beta
TOTAL
Diavia

**ESTORIL:
EDDIE IRVINE (JORDAN)**

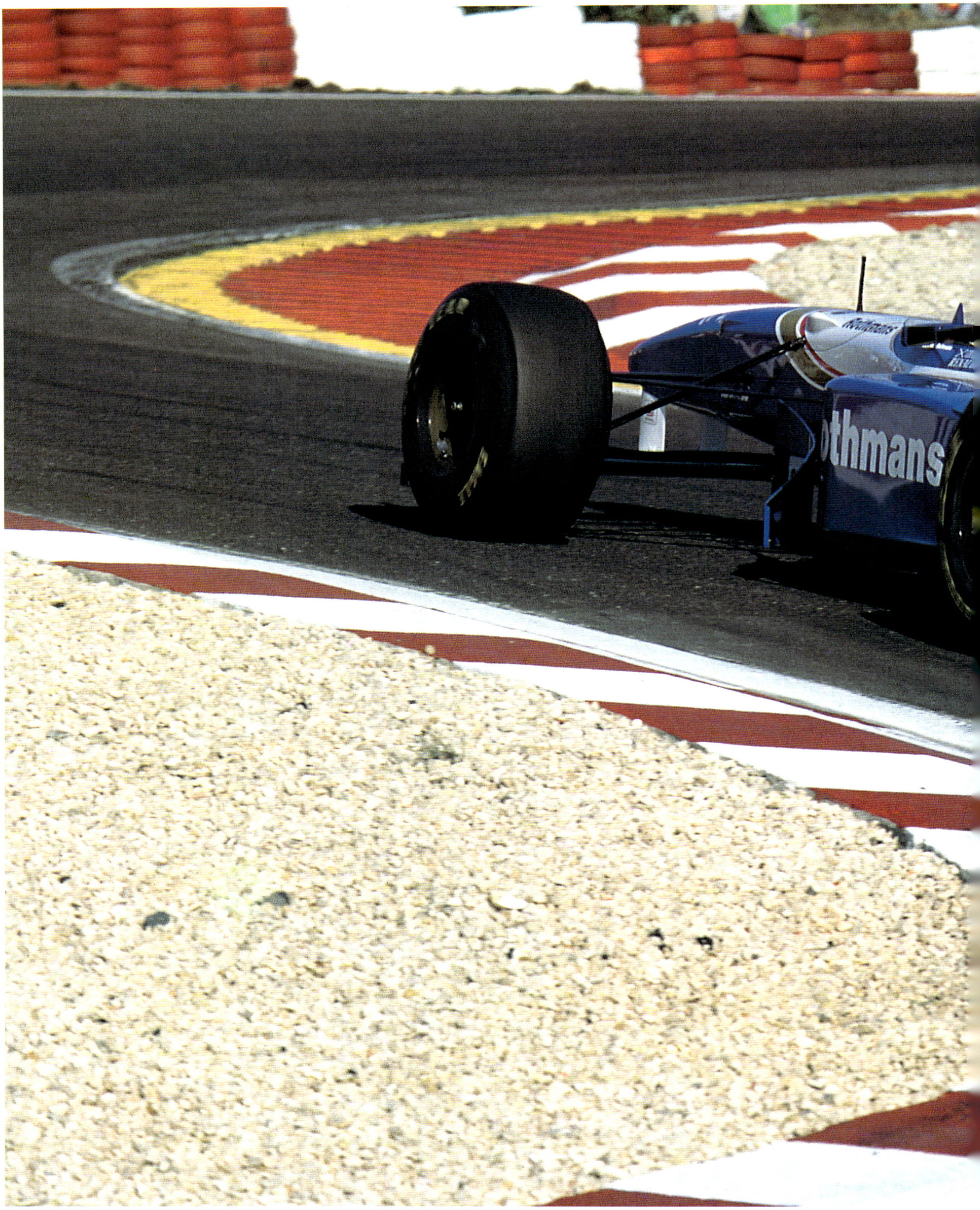

**ESTORIL:
DAVID COULTHARD
(WILLIAMS)**

172

THE YELLOW FORTI CARS ALSO DID NOT COLLECT ANY POINTS IN 1995, BUT THIS IS THEIR FIRST SEASON IN FORMULA 1

AUCH DIE GELBEN RENNER AUS DEM STALL VON FORTI HABEN 1995 KEINEN PUNKT GEHOLT, DOCH ES WAR IHRE ERSTE F1-SAISON

ANCHE LE GIALLE VETTURE DELLA SCUDERIA FORTI NON SONO MAI ANDATE A PUNTI NEL 1995: MA E' LA LORO PRIMA STAGIONE IN FORMULA 1

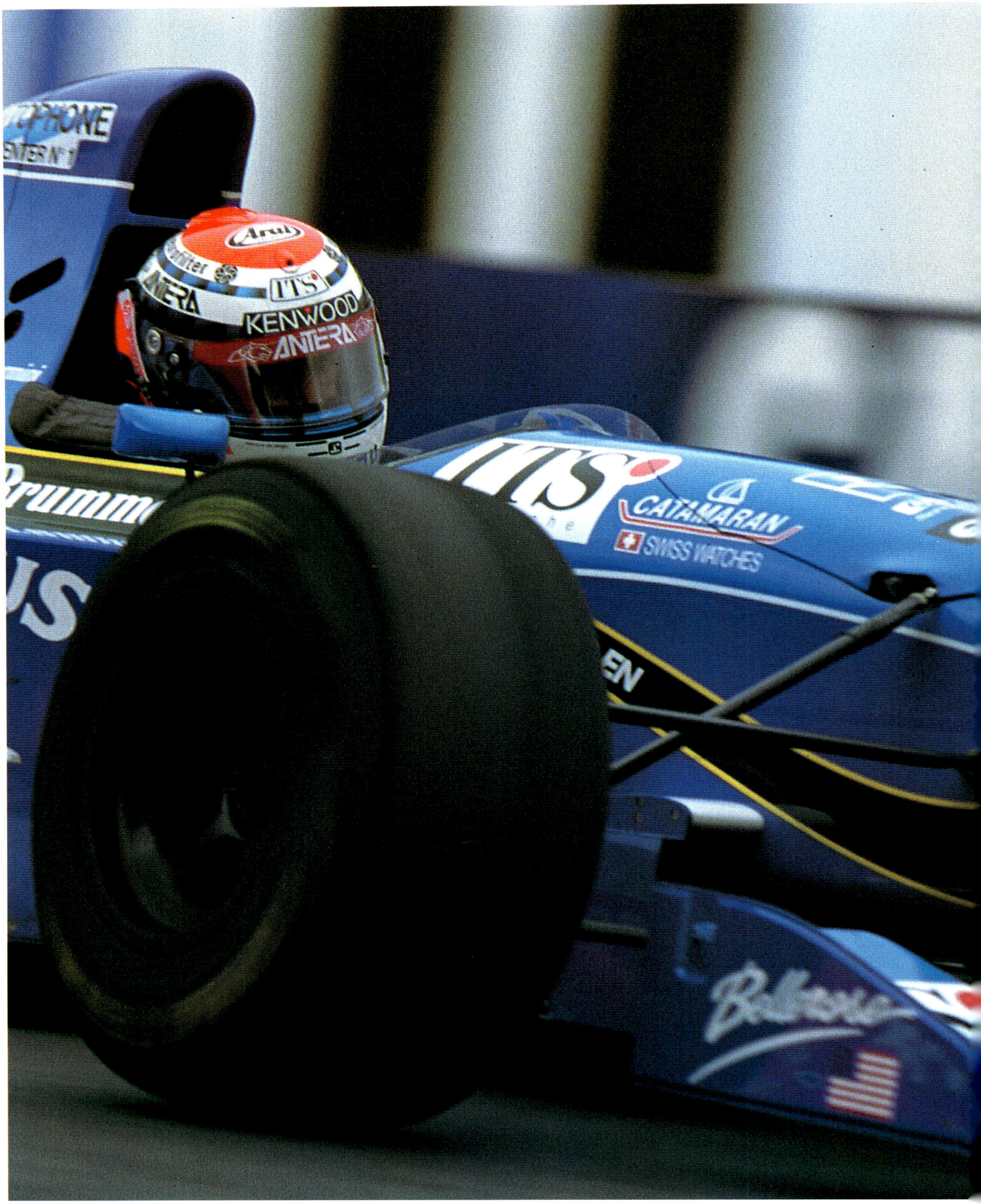
Arai
ITS
KENWOOD
ANTERA
CATAMARAN
SWISS WATCHES

ANDREA MONTERMINI IN A PACIFIC IN A SPECTACULAR PASSING MOVE ON A BEND

ANDREA MONTERMINI (PACIFIC) BEI EINEM SPEKTAKULÄREN ÜBERHOLMANÖVER IN DER KURVE

ANDREA MONTERMINI SU PACIFIC IN UNO SPETTACOLARE PASSAGGIO IN CURVA

MILD SEVEN
elf
TECHNOGYM
seal's system
ENERVIT
Kickers
RENAULT
MILD SEVEN
RENAULT
EAGLE
GOODYEAR
brembo
USA

PORTUGUESE GRAND PRIX: THE RACE IS OVER! MICHAEL SCHUMACHER (SECOND) IS ALREADY OUT OF HIS CAR, WHILE JOHNNY HERBERT (SEVENTH) HAS JUST PARKED HIS

GROßER PREIS VON PORTUGAL: ENDE DES RENNENS! MICHAEL SCHUMACHER (2.) IST SCHON AUSGESTIEGEN, ALS JOHNNY HERBERT (7.) GERADE PARKT

GRAN PREMIO DEL PORTOGALLO: LA GARA E' FINITA! MICHAEL SCHUMACHER (SECONDO) E' GIÀ SCESO DALL'AUTO, MENTRE JOHNNY HERBERT (SETTIMO) HA APPENA PARCHEGGIATO LA SUA VETTURA

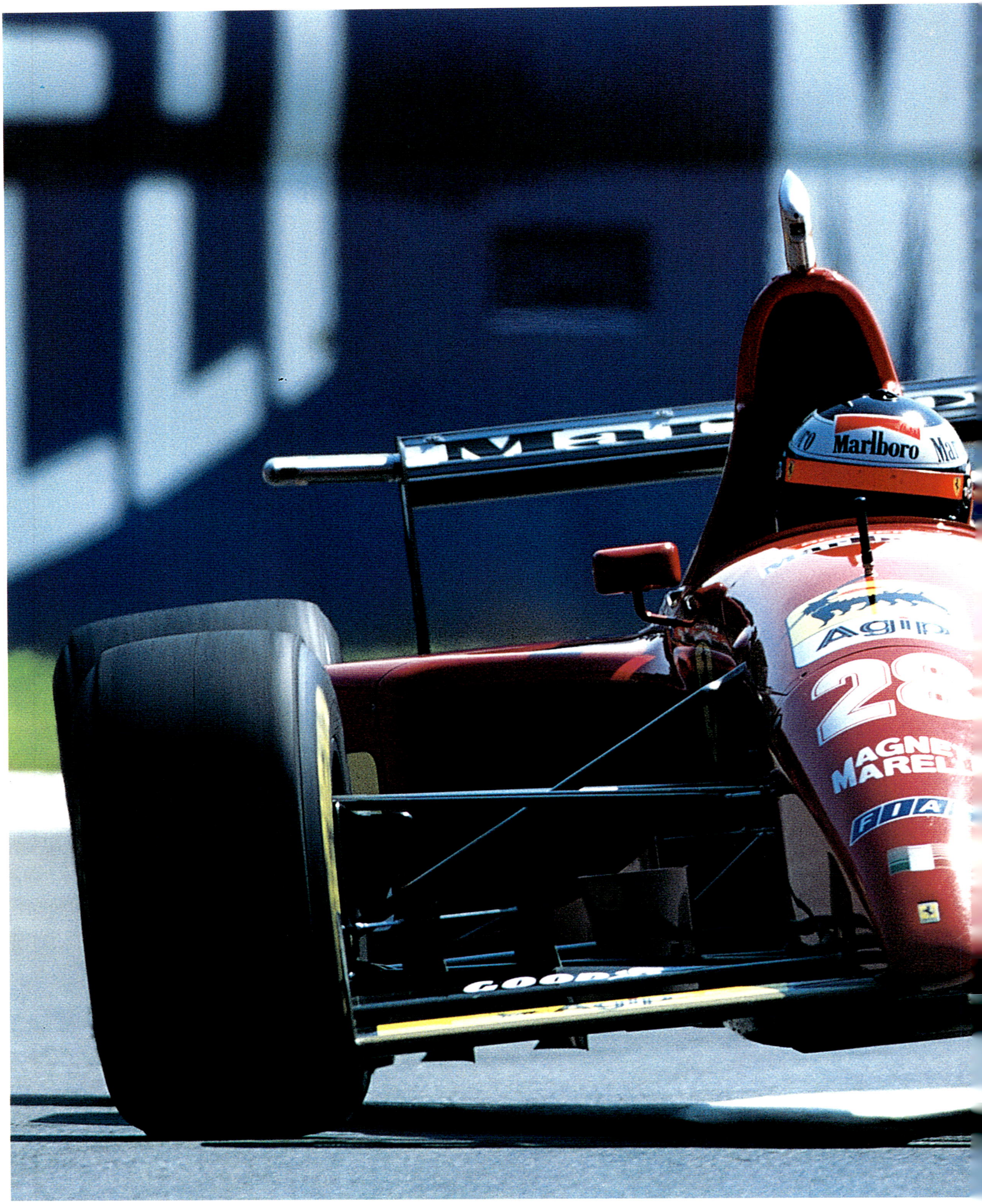
Marlboro
Agip
28
MAGNETI MARELLI
FIAT
GOODYEAR

Italian Grand Prix:
Gerhard Berger
"flies" over the kerbs
at the chicane

*Großer Preis von
Italien: Gerhard Berger
in der Schikane*

Gran Premio d'Italia:
Gerhard Berger
"salta" sui cordoli
della chicane

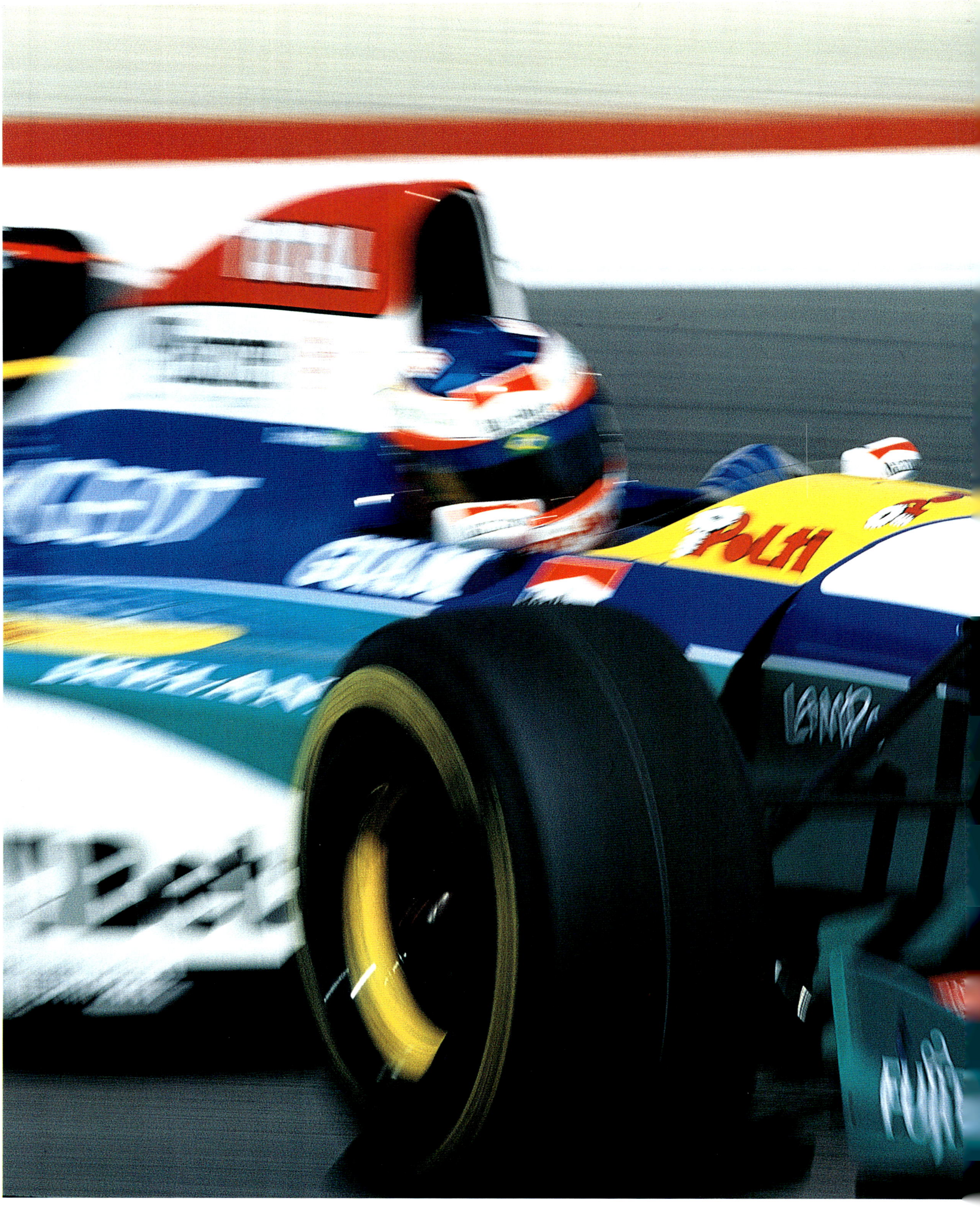
Polti

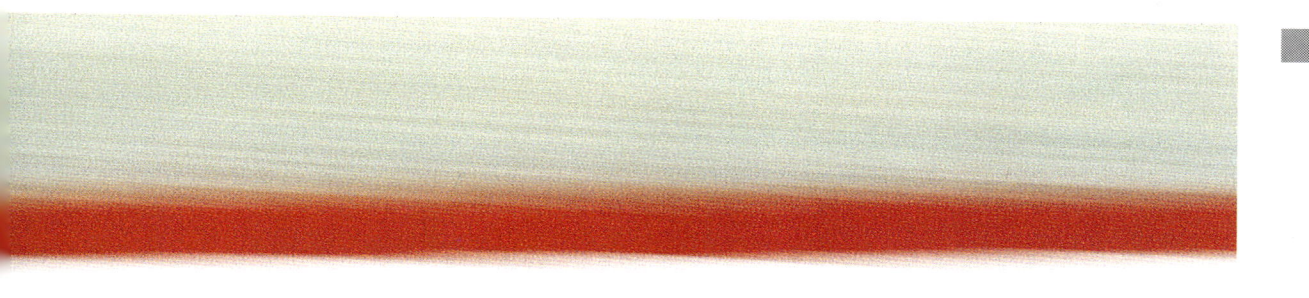

*Rubens Barrichello
(Jordan)*

182

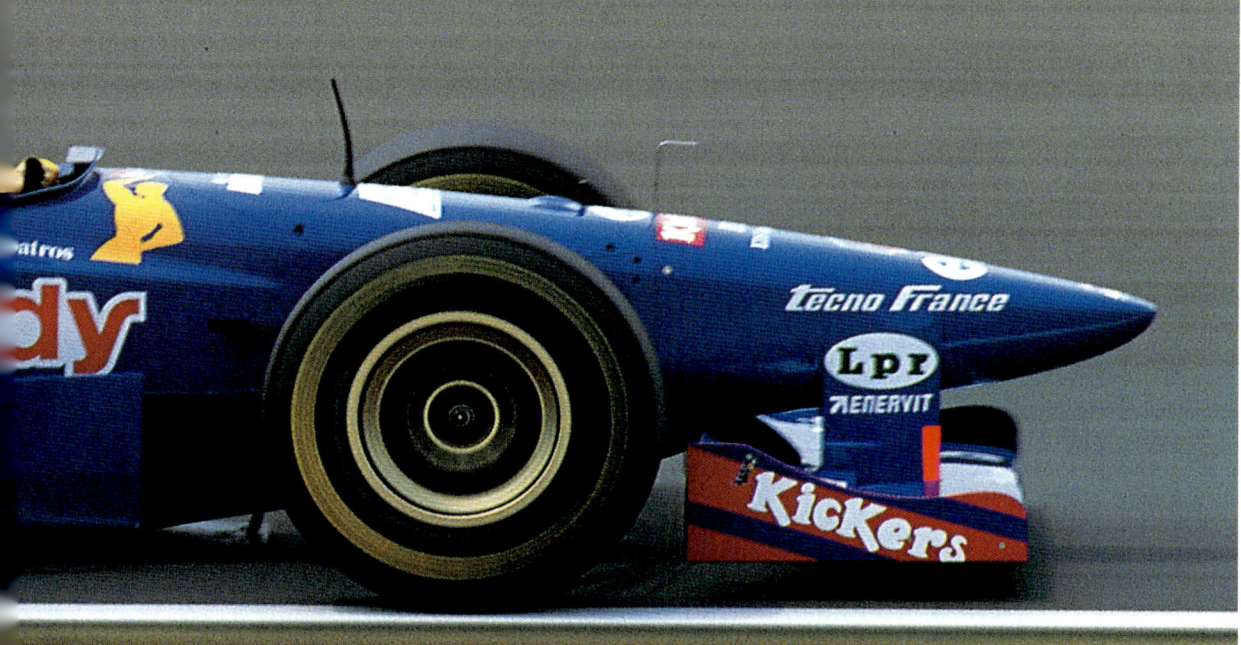

LIGIER, SINCE ITS AGREEMENT WITH FLAVIO BRIATORE HAS GRADUALLY IMPROVED ITS PERFORMANCE IN COMPETITION. IN THE PHOTO: AGURI SUZUKI

LIGIER KONNTE NACH DEM ÜBEREINKOMMEN MIT FLAVIO BRIATORE NACH UND NACH SEINE LEISTUNGEN IM RENNEN VERBEßERN. AUF DEM FOTO: AGURI SUZUKI

LA LIGIER, DOPO L'ACCORDO CON FLAVIO BRIATORE, HA MIGLIORATO VIA VIA LE PROPRIE PRESTAZIONI IN GARA.
NELLA FOTO: AGURI SUZUKI

184

Belgian Grand Prix: the sequence shows the heated duel between Michael Schumacher (starting in sixteenth!) and Damon Hill, with passing manoeuvres and spins galore

Großer Preis von Belgien: heißes Duell zwischen Michael Schumacher (Startposition 16) und Damon Hill

Gran Premio del Belgio: la sequenza mostra l'acceso duello tra Michael Schumacher (partito sedicesimo!) e Damon Hill, con sorpassi e uscite di pista

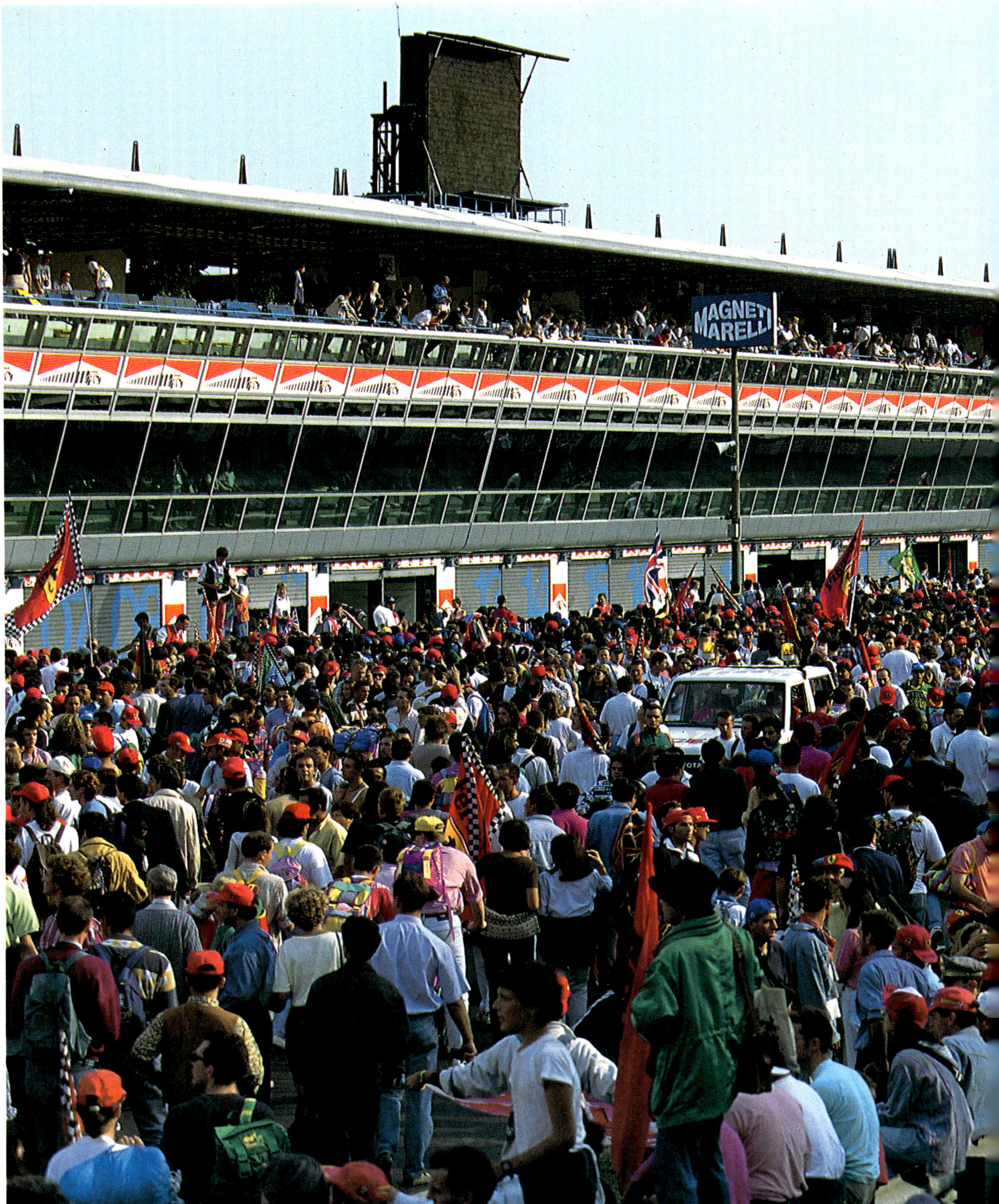
MAGNETI
MARELLI

The typical invasion of the track on the home straight at the end of a race

Am Ende des Rennens: die klaßische Invasion der Fans auf der Zielgeraden

La classica invasione dei tifosi sul rettilineo di arrivo, a fine gara

MILD
SEVEN
MAGNETI MARELLI
RENAULT
elf
BENETTON SPORTSYSTEM
1
Bitburg
German Beer
ORACLE
USAG
sikkens

**MICHAEL SCHUMACHER
(BENETTON)**

GOOD YEAR
Rothmans RACING
Rothmans
RENAULT elf
HILL RENAULT
Labatt
Rothmans

Damon Hill (Williams)

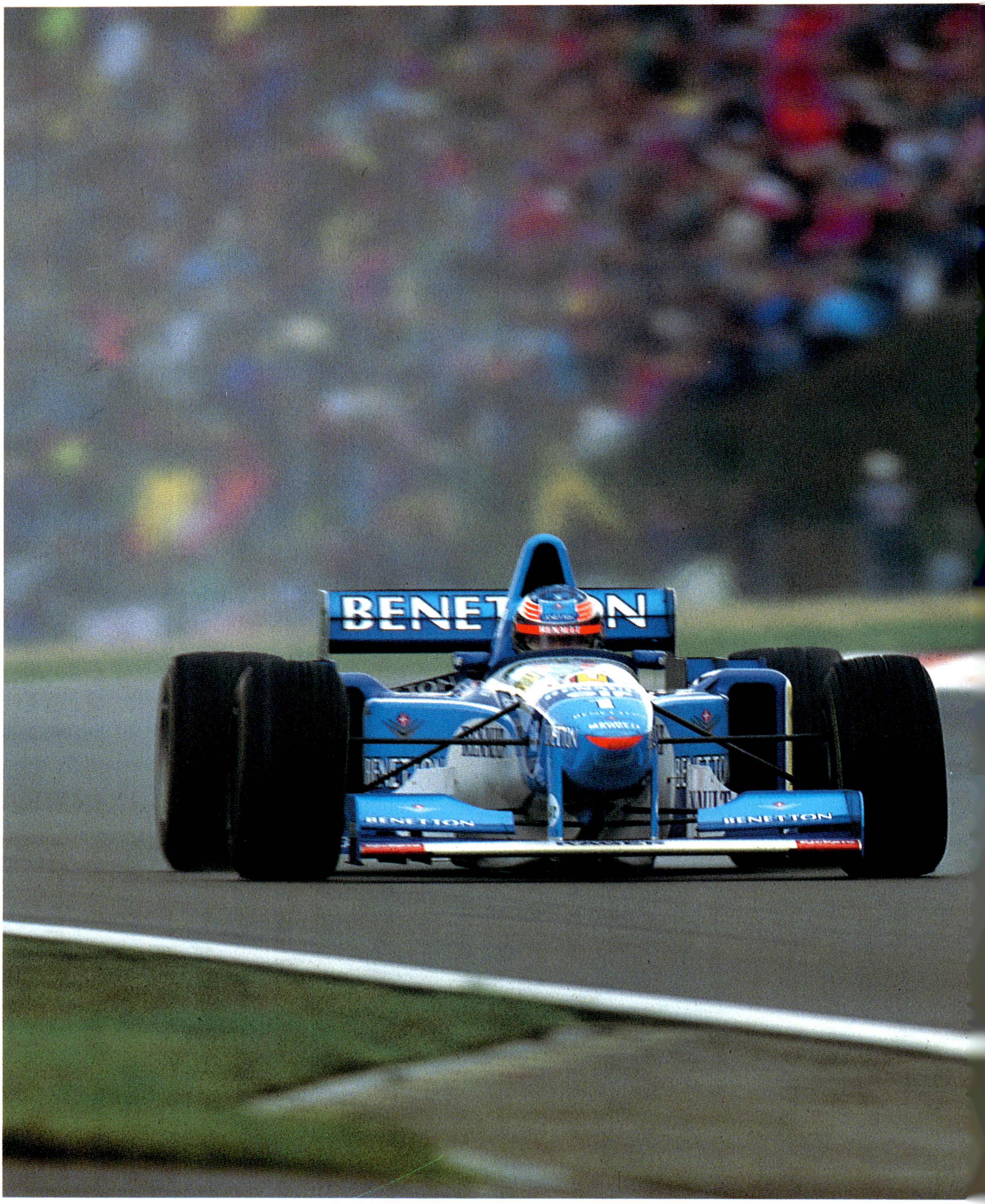
BENETTON

MICHAEL SCHUMACHER AND DAMON HILL IN ONE OF THE RARE DUELS DURING THE WORLD CHAMPIONSHIP THIS SEASON

MICHAEL SCHUMACHER UND DAMON HILL BEI EINEM IHRER SELTENEN ZWEIKÄMPFE WÄHREND DER DIESJÄHRIGEN WELTMEISTERSCHAFT

MICHAEL SCHUMACHER E DAMON HILL IN UNO DEI RARI DUELLI DURANTE IL CAMPIONATO DEL MONDO DI QUEST'ANNO

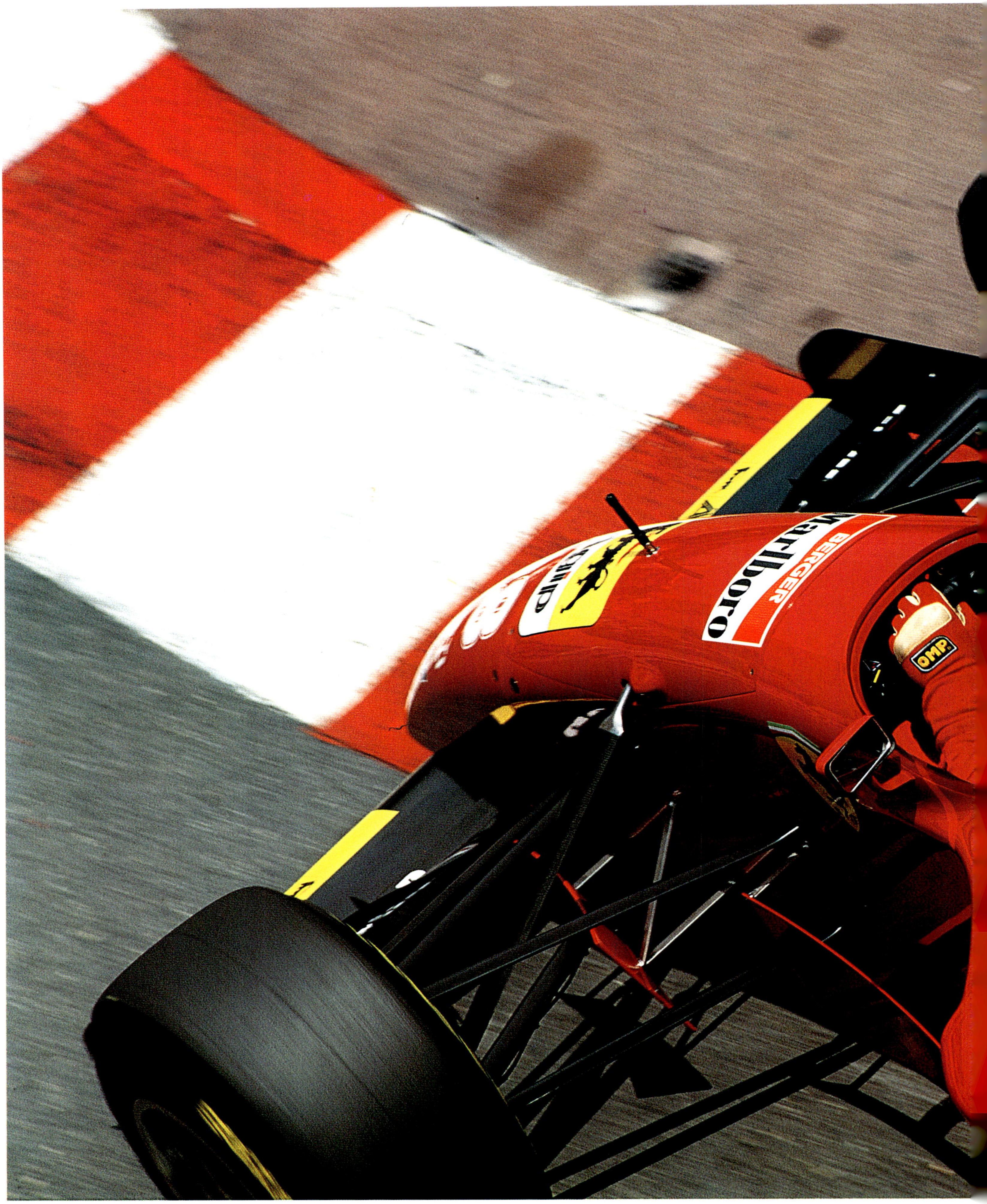
BERGER
Marlboro
OMP

Monaco Grand Prix: spectacular pass by Ferrari driver Gerhard Berger on the kerb

Großer Preis von Monte Carlo: der Ferrari-Pilot Gerhard Berger in spektakulärer Fahrt.

Gran Premio di Monaco: spettacolare passaggio del ferrarista Gerhard Berger sui cordoli

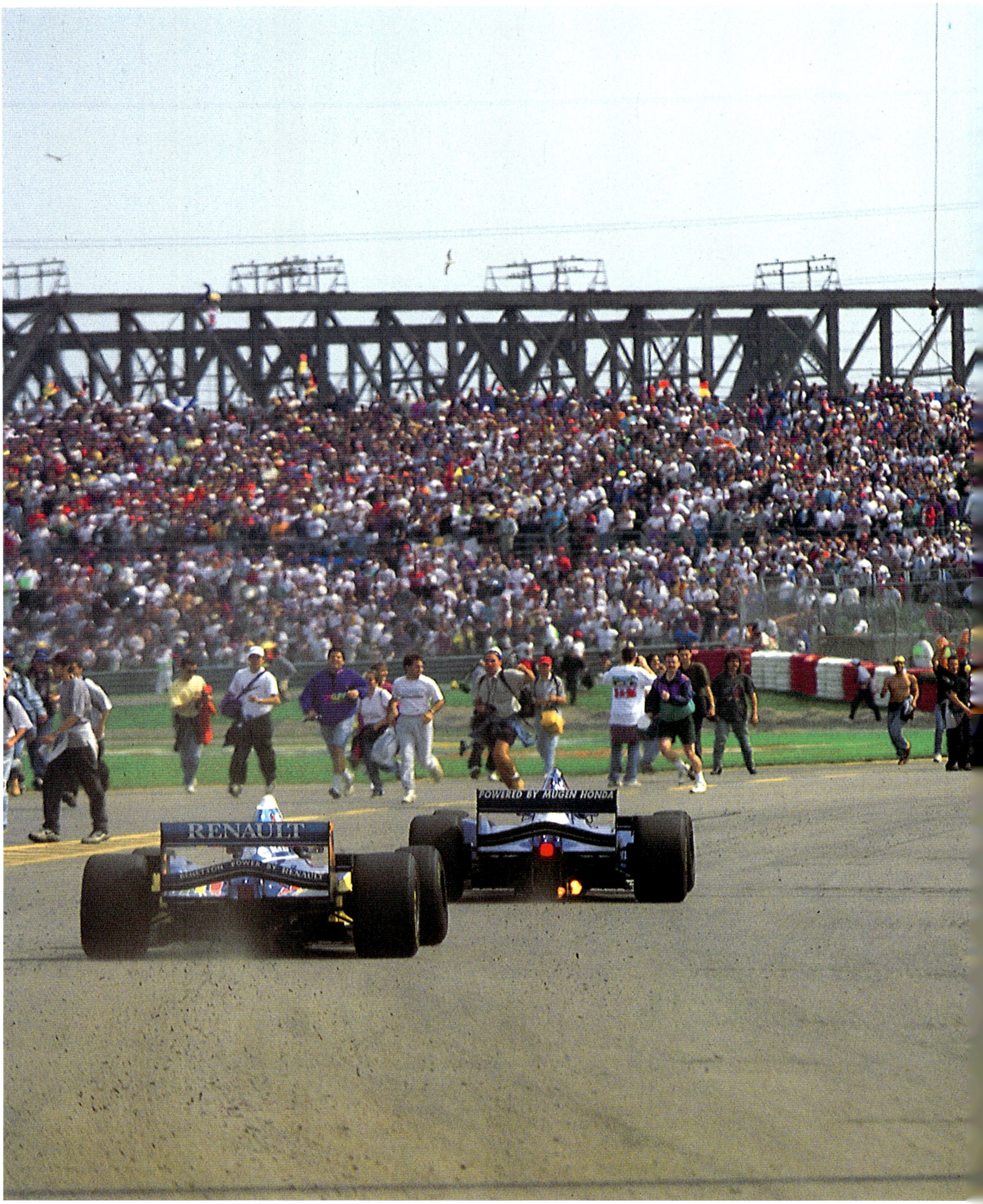
RENAULT
POWERED BY MUGEN HONDA

Jean Alesi's first Grand Prix victory in Canada was celebrated with a massive (but peaceful) invasion of the track

Der erste Sieg beim Grand Prix für Jean Alesi: großes Fest beim GP in Kanada mit einer massiven - aber friedlichen - Invasion der Piste

La prima vittoria in un Gran Premio di Jean Alesi, in Canada, e' stata festeggiata con una massiccia (ma pacifica) invasione di pista

NORME 1986
1986 STANDARD
01.008.CSAI.87.
sparco
BENETTON
BENETT
BEN

MICHAEL SCHUMACHER GREETS THE CROWD: FOR THE SECOND YEAR IN A ROW HE IS WORLD CHAMPION: IN 1996 HE WILL WEAR THE RED SUIT AND THE NO. 1 WILL BE PRINTED ON HIS FERRARI

MICHAEL SCHUMACHER GRÜßT DIE MENGE: ZUM ZWEITEN MAL HINTEREINANDER IST ER WELTMEISTER. 1996 PRÄSENTIERT ER SICH IM ROTEN OVERALL UND SEIN FERRARI MIT DER NR. 1

MICHAEL SCHUMACHER SALUTA LA FOLLA: PER LA SECONDA VOLTA CONSECUTIVA E' CAMPIONE DEL MONDO. NEL 1996 INDOSSERÀ LA TUTA ROSSA E SULLA SUA FERRARI AVRÀ STAMPATO IL N. 1

AYRTON SENNA
1960-1994

The Ayrton Senna collection comprises five superb prints illustrating the career of arguably the greatest Grand Prix driver of all time, captured by top Formula One photographer Bryn Williams. They are reproduced on 12in x 16in exhibition quality photographic paper and offered either individually or as a complete set.

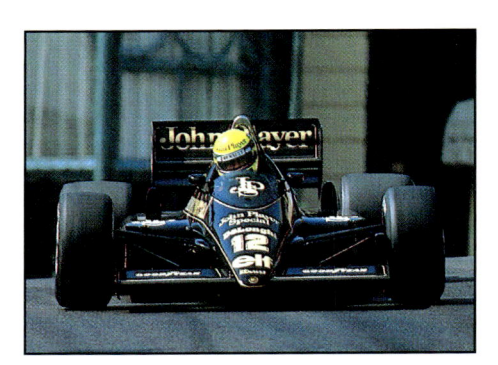

B: MONACO 1986

C: HUNGARY 1991

A: PORTRAIT

D: ADELAIDE 1993

E: IMOLA 1994

To order, simply complete the form below and return with cheque or international money order to:
Bryn Williams, Padbury House, South Green, Kirtlington, Oxon OX5 3HJ. Tel: 0869 350 370.

Please indicate the photographs required by marking the relevant box or placing a figure should more than one of each be required.

- ☐ A: PORTRAIT £25
- ☐ B: MONACO 1986 £25
- ☐ C: HUNGARY 1991 £25
- ☐ D: ADELAIDE 1993 £25
- ☐ E: IMOLA 1994 £25
- ☐ COMPLETE SET £100

NB: Overseas – additional £10 per order for postage and packing

Name.. Address ....
.... Tel..

Cheques or International Money Orders should be made payable to Mr Bryn Williams and returned to:
Padbury House, South Green, Kirtlington, Oxon, OX5 3HJ. Tel: 0869 350370